MARCO ⊕ POLO

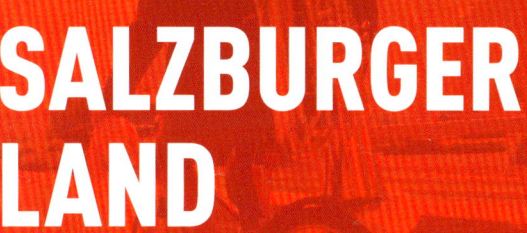

SALZBURGER LAND

SALZKAMMERGUT, SALZBURG

Reisen mit Insider Tipps

> Das Salzburger Land ist ein Erlebnis für alle Sinne. Besonders schön sind die Sonnentage an den Seen im Salzkammergut.
> *MARCO POLO Korrespondentinnen Katharina Wörndl und Beatrix Dirisamer*
> (siehe S. 130)

Weitere MARCO POLO Titel:
Österreich, Kärnten, Steiermark, Tirol, Wien

Spezielle News, Lesermeinungen und Angebote zu Salzburg:
www.marcopolo.de/salzburg

SALZBURGER LAND

> SYMBOLE

 MARCO POLO INSIDER-TIPPS
Von unseren Korrespondentinnen für Sie entdeckt

 ★ MARCO POLO HIGHLIGHTS
Alles, was Sie im Salzburger Land kennen sollten

☼ SCHÖNE AUSSICHT

🔊 WLAN-HOTSPOT

▶▶ HIER TRIFFT SICH
DIE SZENE

> PREISKATEGORIEN

HOTELS
€€€ über 120 Euro
€€ 80–120 Euro
€ unter 80 Euro
Die Preise gelten für ein Doppelzimmer pro Nacht einschließlich Frühstück

RESTAURANTS
€€€ über 35 Euro
€€ 22–35 Euro
€ unter 22 Euro
Die Preise gelten für ein Essen mit Vor-, Haupt- und Nachspeise ohne Getränke

> KARTEN

[116 A1] Seitenzahlen und Koordinaten für den Reiseatlas Salzburger Land

[U A1] Koordinaten für die Karte Salzburg im hinteren Umschlag

[0] außerhalb des Kartenausschnitts

Zu Ihrer Orientierung sind auch die Orte mit Koordinaten versehen, die nicht im Reiseatlas eingetragen sind

INHALT

> SZENE

S. 12–15: Trends, Entde-
ckungen, Hotspots! Was
wann wo im Salzburger
Land los ist, verrät die
MARCO POLO Szene-
autorin vor Ort

> 24 STUNDEN

S. 100/101: Action pur
und einmalige Erlebnisse
in 24 Stunden! MARCO
POLO hat für Sie einen
außergewöhnlichen Tag
im Salzburger Land
zusammengestellt

> LOW BUDGET

Viel erleben für wenig Geld!
Wo Sie zu kleinen Preisen
etwas Besonderes genießen
und tolle Schnäppchen
machen können:

Studentenpreise und
experimentelle Küche S. 38 |
Planschen im Strandbad S. 46 |
Wohnen nach Wunsch S. 59 |
Kunsterlebnis am Wasser
S. 76 | Skispaß und Skipass
S. 82 | Übernachten mit
Ausblick S. 91

> GUT ZU WISSEN

Was war wann? S. 10 |
Spezialitäten S. 26 | Blogs &
Podcasts S. 36 | Bücher &
Filme S. 64 | www.marco
polo.de S. 110 | Was kostet
wie viel? S. 111 | Wetter in
Salzburg S. 113

AUF DEM TITEL

Die Eisriesenwelt am
Hochkogel S. 76
Nightlife unter Gipfeln S. 14

ENTDECKEN SIE DAS SALZBURGER LAND!

Unsere Top 15 führen Sie an die traumhaftesten Orte und zu den spannendsten Sehenswürdigkeiten

Die Highlights sind in der Karte auf dem hinteren Umschlag eingetragen

 Festung Hohensalzburg
Mittelalterliche Trutzburg und Ausweichquartier für die herrschenden Fürsterzbischöfe (Seite 33)

Mozarts Geburtshaus
Wo in Salzburg einst die Wiege des Genies stand, kann heute seine Geige bestaunt werden (Seite 34)

 Salzburg Museum
Im Landesmuseum wird der Mythos Salzburg informativ und unterhaltsam dargestellt (Seite 36)

 Trumer Seenland
Eldorado für Wasserfans, die sich von der sanften Landschaft zum Träumen verführen lassen (Seite 42)

 Freilichtmuseum Großmain
Höfe und Handwerkerhäuser, vor dem Abriss gerettet, geben Beispiele bäuerlicher Baukunst (Seite 45)

Benediktinerabtei Michaelbeuern
Jahrhundertealter Hort der Bildung mit imposanter Bibliothek und einem Altarbild von Johann Michael Rottmayr in der Stiftskirche (Seite 50)

 Kammerhof
Die Verwaltungszentrale des einstigen Salzstaates in Bad Aussee mit gotischem Kaisersaal (Seite 56)

 Hallstatt
Ein Ort, der seit 4000 Jahren Geschichte macht und heute zum Unesco-Welterbe zählt (Seite 59)

> DIE BESTEN MARCO POLO HIGHLIGHTS

⭐ Dürrnberg
Wo über Jahrtausende Salz abgebaut wurde, faszinieren heute Schaubergwerk, Keltendorf und Panoramasicht auf das Salzachtal (Seite 73)

⭐ Eisriesenwelt
Laune und Wunderwerk der Natur: Bei Werfen liegt die weltweit größte erschlossene Eishöhle (Seite 76)

⭐ Burg Mauterndorf
Auf der Erlebnisburg werden mittelalterliche Feste zelebriert (Seite 80)

⭐ St. Leonhard
Gotisches Kirchenjuwel mit eindrucksvoller Umfriedung und meditativen Glasfenstern, Topadresse für Wallfahrten im Mittelalter (Seite 82)

⭐ Nationalparkzentrum Hohe Tauern
In Mittersill: Spannende Multimediashow über die Naturgeheimnisse hochalpiner Landschaften – oben zieht der Weißkopfgeier seine Kreise, unten lassen sich die Wege des Steinbocks über Funk verfolgen (Seite 88)

⭐ Krimmler Wasserfälle
Pro Jahr stürzen 180 Mrd. Liter Wasser 300 m in die Tiefe. Das 18 km lange Achental war schon zur Römerzeit ein wichtiger Saumweg (Seite 89)

⭐ Großglockner Hochalpenstraße
Die 1935 eröffnete Aussichtsstraße führt auf Österreichs höchsten Berg und durchquert bis zum Scheitelpunkt auf 2503 m mehrere Vegetationszonen (Seite 95)

WAS FÜR EINE REGION!

Ortszentrum von Adnet, dahinter der Untersberg

AUFTAKT

> Morgens auf den Berg steigen, am Nachmittag im See schwimmen und abends ein Konzert besuchen: Im Salzburger Land und im Salzkammergut ist das leicht an einem Tag zu schaffen. Seen verstecken sich selbst dort, wo man sie nicht vermutet, und Berge prägen beinahe die gesamte Region. Schließlich sind sie selbst im flachsten Teil noch über 800 m hoch. Bei der Musik geben die Salzburger Festspiele den Ton an, und Mozart ist in der barocken Landeshauptstadt allgegenwärtig. Aber auch auf dem Land ist nicht alles Blasmusik. Zum Essen gehen die einen ins Feinschmeckerrestaurant, die anderen ins nächste Wirtshaus – und alle fühlen sich wie im siebten Himmel.

> Es ist das unnachahmliche Zusammenspiel von Natur und Kultur, das den besonderen Reiz des Salzburger Landes und des Salzkammerguts ausmacht. Die gesamte Region ist ein Urlaubsland für jede Jahreszeit.

Im Sommer laden die Berge zum Wandern und Klettern ein, die Seen zum Baden, Surfen und Segeln. In der Stadt Salzburg trifft sich während des Sommers alles, was in der Musik- und Theaterwelt Rang und Namen hat. Sechs Wochen blickt die ganze Welt auf die Mozartstadt und ihre Festspiele: Der rote Teppich wird ausgerollt, die Champagnergläser werden poliert und die Stars und Sternchen warten auf ihren großen Auftritt. Vor den Aufführungen versammeln sich Schaulustige im Festspielbezirk, um große Roben, hektische Paparazzi und illustre Gäste live mitzuverfol-

gen. Im Herbst geht es mit dem Jazz-Herbst weiter, und die Jahreszeit lädt dazu ein, im Umland aktiv zu werden – Rad fahren, Nordic Walking oder Wandern entlang der Flüsse, Bäche und Seen. Während des „Bauernherbstes", an dem sich viele Gemeinden beteiligen, steht jedes Jahr ein Thema des ländlichen Lebens im Mittelpunkt. Dann öffnen sich die Tore zu den Bauernhöfen, die Besucher können verkosten und kaufen.

> **Ein Urlaubsland für jede Jahreszeit**

Wenn im Winter der Schnee die Landschaft bedeckt, verführen die Pisten zum Skifahren und Snowboarden – die großen Skiregionen sind in kurzer Zeit mit Auto oder Zug

Markttag in Salzburg: Universitätsplatz mit der Kollegienkirche

erreichbar. In Altenmarkt-Zauchensee, der Europa-Sportregion Zell am See-Kaprun und Saalbach-Hinterglemm ist das Après-Ski mindestens so verlockend wie die rasante Fahrt mit dem Snowboard. Wo im Sommer gesurft und geplanscht wird, ziehen im Winter die Langläufer ihre Spuren und versuchen sich Eisläufer an waghalsigen Pirouetten. Wer es bequem mag, lässt sich gut eingepackt auf dem Pferdeschlitten durch die Landschaft ziehen. Im Frühjahr sind die klimatischen Unterschiede zwischen dem „Land Inner Gebirg" – Pinzgau, Pongau und Lungau – und der Gegend um Salzburg mit dem Flachgau besonders deutlich zu spüren. Wenn hier schon die Blumen blühen, reicht dort der Schnee noch bis in die Tallagen. Zwischen dem Seenland im Flachgau und den höchsten Bergen in den Hohen Tauern liegen schließlich über 3000 Höhenmeter.

Das Salzburger Land war schon immer reich an Schätzen: Salz, Edelmetalle und Marmor haben Siedler angelockt. Unter Kelten, Römern und auch Bajuwaren erlebte die Region eine kulturelle Blüte. Die Klostergründungen seit dem späten 6. Jh. legten die Basis für ein Bundesland, das heute jedes Jahr viele Millionen Besucher anzieht. „Anziehend" ist auch das, was die Bundeshauptstadt bietet. Ein Bummel durch die Getreidegasse lässt die Herzen von Fashion Victims höher schlagen. Hier finden sie Luxuslabels neben Modeketten und Toprestaurants neben Geschäften, die traditionelles Handwerk anbieten, das es sonst nur schwer zu finden gibt. Eine Auszeit vom Sehen

und Gesehenwerden können Sie sich in einem der zahlreichen Straßencafés bei selbst gebackenen Törtchen nehmen. Mit ihren weiträumigen Plätzen, edlen Palais (allen voran die erzbischöfliche Residenz samt Nebengebäude), dem imposanten Dom und den engen mittelalterlichen Gässchen verströmt die Stadt ein beinahe italienisches Flair.

Salzburg war viele Jahrhunderte lang – von der Mitte des 14. bis zum Anfang des 19. Jhs – ein kirchlicher Fürstenstaat mit entsprechendem kulturellen Status. Als sich die Epoche des Fürsterzbistums bereits ihrem Ende zuneigte, wurde 1756 Salzburgs berühmtester Sohn geboren: Wolfgang Amadeus Mozart. Weil er sich den Vorstellungen des Landesherrn widersetzte, wurde er aus Salzburg vertrieben und ging nach Wien. Damals konnte niemand ahnen, welche Bedeutung dieses Jahrtausendgenie für Salzburg noch haben sollte. Auch ihm zu Ehren wurden 1918 die Festspiele gegründet – ein weiteres bedeutendes Kapitel in der Biografie Salzburgs.

> ## Heilende Wirkung des Gebirgsklimas

„Im Salzkammergut, da kann man gut lustig sein ...", so heißt es bei Ralph Benatzky im „Weißen Rössl am Wolfgangsee", einer der am meisten gespielten Operetten. Er hat Recht, auch wenn er damit nur einen Bruchteil des besonderen Charmes des Salzkammerguts beschreibt. Die Region erstreckt sich über die drei

WAS WAR WANN?

3000–100 v. Chr. Abbau von Kupfer in Mühlbach am Hochkönig und von Salz auf dem Dürrnberg

50–160 n. Chr. Blütezeit der römischen Stadt Juvavum (Salzburg)

696 Rupert, der spätere Landespatron, beginnt Salzburg zu missionieren und gründet St. Peter

739 Salzburg wird Bischofssitz

1198 Vollendung des romanischen Domes in Salzburg

1498 Vertreibung der Juden aus dem Erzbistum

1525/26 Belagerung der Festung Hohensalzburg während der Bauernkriege

1756 Wolfgang Amadeus Mozart wird in Salzburg geboren

1803 Auflösung des Erzbistums

1816 Salzburg wird endgültig österreichisch

1918 Die Salzburger Festspiele werden ins Leben gerufen

1945–1955 Amerikanische Truppen halten das Land besetzt

1997 Die Salzburger Altstadt wird Teil des Unesco-Welterbes

2006 Zu Mozarts 250. Geburtstag wird das „Haus für Mozart" eröffnet

2008 Salzburg ist neben Wien, Innsbruck und Klagenfurt einer der vier österreichischen Austragungsorte der Fußball-Europameisterschaft

2009 Das renovierte Haus der Natur, Salzburgs größtes Museum, öffnet seine Pforten

Bundesländer Oberösterreich (72 Prozent), Steiermark (16 Prozent) und Salzburg (12 Prozent). Wirtschaftliche Interessen der Habsburger an den Salzvorkommen führten schon im 14. Jh. zur Gründung eines eigenen Salzwirtschaftsstaates mit Gmunden als Verwaltungszentrale. Im 19. Jh., als die Heilkraft der Sole entdeckt wurde, entwickelten sich rasch Kurorte. Bad Ischl ist zu einem der wichtigsten geworden, nicht zuletzt, weil Kaiser Franz Joseph hier mehr als 60 Jahre zur Sommerfrische herkam.

> **Auf den Schutz der Bergwelt wird großer Wert gelegt**

Das Kuren im herkömmlichen Sinne ist längst in den Hintergrund geraten. Denn spätestens seit man um die heilende Wirkung des Gebirgsklimas auf den menschlichen Organismus weiß, werden die Berge als riesengroßes Freiluftsanatorium wahrgenommen. Um schädliche Einflüsse weitgehend fernzuhalten, wurde der Nationalpark Hohe Tauern gegründet. Auch in den anderen Gebirgsregionen wird großer Wert auf den Schutz der Umwelt gelegt, von der starken Gewichtung ökologischen Wirtschaftens bis zum naturnahen Bauen der Häuser.

Das Land Salzburg nimmt innerhalb der neun österreichischen Bundesländer nach wie vor eine Sonderstellung ein. In Salzburg sind die Anfänge der alternativen und später der „grünen" österreichischen Stadtpolitik zu finden. Das Land Salzburg ist außerdem das einzige österreichische Bundesland, in dem der Tierschutz in der Landesverfassung verankert ist. Eingeteilt wird die Region in fünf politische Bezirke – Pinzgau, Pongau,

Salzburg zählte schon in der Monarchie zu den industrieärmsten Regionen. Waren bis nach dem Ersten Weltkrieg mehr als 50 Prozent der Bevölkerung in der Landwirtschaft

Im Wolkenmeer: Der Großglockner ist der höchste Berg Österreichs

Lungau, Tennengau, Flachgau –, zusammen mit der Stadt Salzburg gibt es insgesamt sechs Verwaltungseinheiten. Auf einer Fläche von 7154 km² – etwa acht Prozent des österreichischen Staatsgebietes – leben 530000 Einwohner, davon zwei Drittel auf dem Land und ein Drittel in der Stadt. Nach wie vor sind rund 80 Prozent der Bevölkerung Mitglieder der katholischen Kirche. Der Anteil der Protestanten ist mit 3,5 Prozent verschwindend gering.

tätig, sind es heute nur noch sechs Prozent. Der Tourismus hat sich zum wichtigsten Wirtschaftsfaktor entwickelt. Mehr als 5,6 Mio. Gäste kommen jährlich ins Land, vor allem der Tagestourismus spielt in Salzburg eine bedeutende Rolle. Deutsche, Österreicher und Italiener reisen besonders gern ins Salzkammergut. Sie finden hier Restaurants, in denen einige der besten Köche Österreichs am Herd stehen, und Hotels, die zu den schönsten des Landes zählen.

▶▶ TREND GUIDE SALZBURGER LAND

Die heißesten Entdeckungen und Hotspots!
Unsere Szeneautorin zeigt Ihnen, was angesagt ist

Nina Genböck

ist gebürtige Salzburgerin und in der Medienbranche tätig. Ihr Beruf bringt es mit sich, dass sie sich mit den neuesten Trends auseinandersetzt und immer weiß, was angesagt ist. Die faszinierende Mischung aus alten Traditionen und junger Szene und die Sport- und Freizeitmöglichkeiten machen das Salzburger Land für unsere Szeneautorin einfach unwiderstehlich.

▶▶ WAS FÜR A RIESN GAUDI

Dirndlspringen

Trachten kommen scheinbar nie aus der Mode. Passend dazu bietet Katharina Kaesbach in ihrem Geschäft *Cobra Couture* ausgefallene Ponchos, Walkjacken und zum Dirndl passende Accessoires (*Siegmund-Haffner-Gasse 14, Salzburg, www. cobra-couture.at*). Im *Gwandhaus*, wo der Trachtenhersteller Gössl seinen Sitz hat, sind die Entwürfe traditioneller. Kein Grund allerdings, den Kopf in den Sand zu stecken – sondern eher, um ins (kalte) Wasser zu springen. Genau darum geht es nämlich bei der noch jungen Tradition der Dirndl-Flugtage. Frauen und Männer springen jedes Jahr im August im Dirndl in einen See rund um Salzburg (*Morzger Str. 31, Salzburg, www.gwandhaus.com,* Foto*)*. Auf den Trend-Zug sprangen schnell auch andere auf. Die Alternative zum kalten See bietet jetzt das Romantikhotel *Weisses Rössl*, wo in ein Warmwasserbecken gesprungen wird (*Markt 74, St. Wolfgang, www.weissesroessl.at*).

SZENE

▶▶ MODERNE ALPENLOOKS

Mehr als nur Schlafen

Die Alpenlocations von heute haben sich vom rustikalen Charme und den Hirschgeweihen von einst befreit. Sie setzen auf Design und schnörkellose Eleganz, ohne dabei jedoch an Gemütlichkeit zu verlieren. So empfängt das *Hotel Theresia* seine Gäste mit farbenprächtigen Kunstwerken schon in der Lobby. Edle Stoffe sind hier verarbeitet, Teppiche eigens für das Hotel entworfen worden *(Glemmtaler Landesstr. 208, Saalbach-Hinterglemm, www.hotel-theresia.co.at, Foto)*. Am Ende des Tals, direkt an der Skipiste, befindet sich das Genusshotel *Amalienburg*, wo neben Designermöbeln Naturstein, Glas und Holz das Bild bestimmen *(Kollingweg 147, Saalbach-Hinterglemm, www.amalienburg.de)*. Ganz aus Holz und dank klarer Linien trotzdem modern und elegant ist die *Forsthofalm (Hütten 37, Leogang, www.forsthofalm.com)*.

▶▶ KLAPPE ... UND ACTION!

Videostars im Schnee

Schneehasen aufgepasst! Noch nie war es so leicht, der Star eines Actionfilms zu werden. Auf den Pisten der Region kann man nun seinen Abfahrtslauf als persönliches Ski-Action-Movie festhalten. Das Ergebnis ist online abrufbar. Mögliche Drehorte: Schmitten bei der Bergstation Hochmaisbahn *(www.schmitten.at)* oder Saalbach-Hinterglemm Leogang beim Unterschwarzachlift *(www.skiline.cc)*. Die weniger zeitaufwendige Alternative bieten die E-Mail-Flash-Stationen an den Bergstationen der Skigebiete von Planai, Hochwurzen und Dachstein. Einfach einmal in die Kamera lächeln und einen E-Mail-Gruß direkt von der Piste senden *(www.skiamade.com, Foto)*. Konzertfeeling kommt auf der Klangpiste in Planai auf. Mittels Touch-Screen wählen Skifahrer und Snowboarder einen Musiktitel aus, der einen dank modernster Sound-Technik entlang der 600 m langen Abfahrt den Berg hinab begleitet *(Piste Nr. 1, www.planai.at)*.

▶▶ DER BERG RUFT

Extrem und sportlich

Schweiß, Anstrengung, Adrenalinkick – wer bei diesen Worten ein Kribbeln in der Magengegend verspürt, ist in Saalbach-Hinterglemm richtig. Jedes Jahr Mitte Januar machen sich beim *Mountain Attack* Hunderte von Skitourengeher auf den Weg, fünf Gipfel (3000 Höhenmeter) zu erklimmen. Start ist gegen 16 Uhr an der Talstation der Schattbergbahn. Wem schon allein beim Zusehen warm wird, der fährt mit der Gondel auf den Schattberg und feuert die Extremsportler an *(www.mountain-attack.at)*. Im Sommer sind die Mountainbiker am Zug. Bei den *World Games of Mountainbiking* beweisen sich die Hobbyradler in den Disziplinen wie Cross Country oder Downhill *(www.worldgames. at*, Foto*)*. Die passende Ausrüstung gibt es im Sportgeschäft *Hagleitner (Landesstr. 253, Saalbach-Hinterglemm, www.sporthagleitner.com)*.

▶▶ LITERATUR

Lesezeit

Auf die neue Lust an Literatur reagieren die Macher des *Literaturfestes Salzburg (www.literaturfest-salzburg. at)*. An verschiedenen Orten finden im Sommer Lesungen und Workshops statt, u. a. im Café Restaurant *Vogelfrei (Museumsplatz 5, www.hausdernatur.at)* und im Veranstaltungssaal *TriBühne Lehen (Tulpenstr. 1)*. Popliteratur und Co. gibt es auch in der *ARGEkultur Salzburg (Josef-Preis-Allee 16, www.argekultur.at)*.

▶▶ NIGHTLIFE

Gute Stimmung

Von wegen verschlafen – die Partygänger der Region stehen auf Clubs mit Glamour, jedoch ohne viel Chichi. Neuester Stern am Szenehimmel ist die *Segabar* in Bad Ischl. Das Nightlifekonzept des Hotspots ist bestechend einfach: kleines Budget, hohe Ansprüche *(Wirerstr. 2, www.segabar.at)*. Salzburger VIPs zieht es ins *Take Five*, einen Ableger des gleichnamigen Glamourclubs in Kitzbühel *(Gstättengasse 7, www.club-takefive.com)*. Wechselnde Mottos und ein gutes Programm bekommen Sie auch in der ehemaligen Glockengießerei *Gusswerk* geboten *(Söllheimerstr. 16, www.gusswerk.net*, Foto*)*.

>> BIO?LOGISCH!

Essen, was die Saison hergibt

Das Salzburger Land entwickelt sich zur unumstrittenen Nummer 1 in Sachen Biogastronomie in Österreich. Modern, trendy und trotzdem mit einer guten Portion regionaler Verbundenheit präsentieren sich Restaurants und Gerichte. Bio all day long heißt es im *WIFF*. Bereits ab 7 Uhr gibt es dort das Salzburger Biofrühstück, später zum Lunch trifft man sich dann unterm Apfelhimmel in der „Wip" Lounge *(Julius Raab Platz 2, Salzburg, www.wiff-essen.at, Foto)*. Deftig-Kreatives steht auf der Karte des Gasthauses *Kugelhof*. Von der Rindssuppe mit Nuss-Bierknöderl bis hin zur Zanderterrine mit Birnen-Sellerie-Salat ist hier alles bio *(Kuglhofstr. 13, Salzburg, www.kuglhof.at)*. Seit Neuestem hat sich auch das *Gasthaus Schützenwirt* der Bioküche verschrieben. Den sorgsamen Umgang mit den Lebensmitteln schmeckt man heraus *(Dorf 96, Puch bei Hallein, www.gasthaus-schuetzenwirt.at)*.

>> KUNST IM ALLTAG

Für alle zugänglich

Kunst soll zum Stadtbild, zum Alltag gehören. Die *Salzburg Foundation* z. B. hat ein Projekt ins Leben gerufen, das über zehn Jahre hinweg jedes Jahr einen anderen Künstler beauftragt, ein Werk in der Stadt zu integrieren. Nach u. a. *Anselm Kiefer*, *Markus Lüpertz* und *Anthony Cragg* realisierte der Franzose *Christian Boltanski* nun das achte Kunstprojekt: das Schattenspiel „Vanitas" in der eigens wiederhergestellten Krypta des Salzburger Doms *(Mozartplatz 4, Salzburg, www.salzburgfoundation.at)*. *Kunst am Bau*, initiiert vom Land Salzburg, will mit seinen dauerhaften Werken zur Diskussion anregen. 140 Kunstwerke im gesamten Bundesland konnten bisher verwirklicht werden – von Wandgestaltungen in Krankenhäusern bis zu Skulpturen in Kreisverkehren. Aktuellstes Werk: die Stadtbrücke in Hallein *(www.kunstambau.at, Foto)*. Dem Thema Kunst am Bau widmet sich auch die *Initiative Architektur Salzburg*, z. B. mit entsprechenden Ausstellungen oder Führungen *(Hellbrunner Str. 3, Salzburg, www.initiativearchitektur.at)*.

BIOBAUERN

Im Salzburger Land werden 42 Prozent der landwirtschaftlichen Nutzfläche biologisch bewirtschaftet, das heißt, es wird kein Kunstdünger verwendet und großer Wert auf den schonenden Umgang mit den natürlichen Ressourcen gelegt. Gewirtschaftet wird im Einklang mit der Natur, entsprechend wird auch auf artgerechte Tierhaltung geachtet. Insgesamt gibt es 3400 biologisch wirtschaftende Betriebe, die ihre Produkte häufig als Selbstvermarkter anbieten. Im Flachgau wird sogenannter Heumilchkäse erzeugt: Die Kühe fressen im Sommer ausschließlich Almgras, Kräuter und Blumen, im Winter Heu und Getreideschrot. Da ihre Milch besonders schmackhaft ist, kann bei der Käseherstellung auf Konservierungsmittel und Zusatzstoffe verzichtet werden.

> *www.marcopolo.de/salzburg*

STICH WORTE

DOPPLEREFFEKT

An der Veränderung der Tonhöhe bei rascher Annäherung oder Entfernung, zum Beispiel eines Zuges oder eines Polizeiautos mit eingeschalteter Sirene, kann der Dopplereffekt beobachtet werden. Christian Andreas Doppler ist nach Mozart der bekannteste Salzburger. 1803 im Haus Makartplatz 1 als Sohn einer Steinmetzfamilie geboren, studierte er am Polytechnischen Institut Wien, der heutigen Technischen Universität, Mathematik, Physik und Geometrie. Obwohl seine Entdeckung zeit seines Lebens umstritten blieb, wurde Doppler 1850 zum ersten Direktor des neu gegründeten Physikalischen Instituts an der Universität Wien berufen. Im zweiten Stock seines Geburtshauses ist in den Originalwohnräumen eine Forschungs- und Gedenkstätte eingerichtet.

ENGE

Salzburgs Gassen sind eng, die Altstadt ist nicht gerade groß. Hier ist aber eine andere Enge gemeint, eine Enge des Kopfes und zuweilen auch des Herzens. Mozart und Thomas Bernhard sind die Berühmtesten de-ist. Fragt sich, welche Werke nie entstanden wären, hätten ihre Schöpfer nicht so sehr gelitten.

GRÜN

Das Salzburger Land wird von der Farbe Grün dominiert. Es besticht

Wanderglück für Schwindelfreie: die grandiose Bergwelt der Hohen Tauern

rer, die unter dem geistigen Klima Salzburgs litten und ihm entflohen. „Ich kann wohl sagen, daß ich gar kein Vergnügen habe – gar keines – als das einzige, daß ich nicht in Salzburg bin", schreibt Mozart 1781 in einem Brief an seinen Vater. Und bei Thomas Bernhard heißt es, dass die „Schönheit dieses Ortes und dieser Landschaft genau jenes tödliche Element auf diesem tödlichen Boden" durch saftige Weiden und Wälder. Vor allem in den Höhenlagen in den Gauen findet man wunderschöne Plätze mit herrlich blühenden Bergwiesen voller Almrosen, Feuerlilien, Türkenbund und vielen anderen Pflanzen. Und wo findet man sonst noch mitten in der Stadt gleich mehrere Berge mit altem Baumbestand – wie den Mönchsberg, den Kapuzinerberg und den Nonnberg in Salzburg?

> *www.marcopolo.de/salzburg*

HOHE TAUERN

Bei den Hohen Tauern handelt es sich um die Gebirgskette im Hauptkamm der Ostalpen, die sich vom Krimmler Tauern im Westen bis zum Lungauer Murtal im Osten erstreckt. Der Name kommt von Tauern, der volkstümlichen Bezeichnung für Passübergänge. Neben den 266 Dreitausendern, unter ihnen Großglockner (3798 m) und Großvenediger (3666 m), schaffen vor allem die Tauerntäler zwischen den tosenden Wasserfällen in Krimml und Bad Gastein mit den mächtigen Einschnitten eine grandiose Naturerlebniswelt. Mineraliensucher zieht es ins Habachtal. Liebhaber der Arktis fahren durch das Stubachtal hinauf zum Weißsee, denn hier herrschen vergleichbare klimatische Verhältnisse – was auch am Schwinden der Gletscher sichtbar wird. In Kaprun lockt das Kitzsteinhorn als Ganzjahres-Skigebiet, und am Ende des Rauriser Tales führt der Weg auf den Sonnblick, zu Europas ältester Wetterwarte. Im Fuscher Tal beginnt die Großglockner Hochalpenstraße, und im östlich gelegenen Großarltal kann man tagelang wandern.

JEDERMANN

Der Dichter Hugo von Hofmannsthal, der Komponist Richard Strauss und der Theaterregisseur Max Reinhardt beriefen 1918 gemeinsam mit dem Dirigenten Franz Schalk und dem Bühnenbildner Alfred Roller einen Kunstrat ein, der die Idee der Festspiele durchsetzte. „Salzburg will dem geistigen Besitz der Welt dienen. Der Glaube an Europa ist das Fundament unseres geistigen Daseins …", hieß es im programmatischen Entwurf Hofmannsthals. Niemand konnte ahnen, was mit der ersten Aufführung des „Jedermann" am 22. August 1920 auf dem Domplatz begann: die unerreichte Erfolgsgeschichte der Festspiele mit allen Höhen und Tiefen. In Mundartfassungen kommt das Spiel vom Sterben des reichen Mannes jährlich in Mondsee, alle drei Jahre in Faistenau und gelegentlich in Grödig zur Aufführung.

MOZART

An ihm führt kein Weg vorbei: Wolfgang Amadeus Mozartwurde am 27. Januar 1756 in Salzburg in der Getreidegasse 9 geboren wurde. Heute findet man dort vor allem Touristengruppen aus der ganzen Welt. Ebenfalls ein Highlight von Sightseeing-Touren ist sein ehemaliges Wohnhaus, das nur wenige Gehminuten entfernt auf der anderen Seite der Salzach liegt. Von 1772 bis 1777 war Mozart Konzertmeister der Salzburger Hofkapelle, später Hoforganist. Während es ihn zwischen seinen Konzertreisen immer wieder nach Salzburg zog, kehrte er der Stadt 1781 aufgrund einer Auseinandersetzung mit dem Erzbischof endgültig den Rücken. Er zog nach Wien, komponierte u. a. seine großen Opern „Don Giovanni", „Cosí fan tutte" und „Die Zauberflöte" und starb dort 1791. In seiner Heimatstadt aber gibt es heute kaum eine Gasse, aus der er nicht von einem Plakat oder aus einem Schaufenster blickt. Die köstlichste Seite an ihm: die original Salzburger Mozartkugel.

SALZ

Dem „weißen Gold" haben Stadt und Land, die Salzach und das Salzkammergut den Namen zu verdanken. Die Salzlagerstätten im Dürrnberg bei Hallein sowie in Hallstatt und Umgebung machten die Gegend zu einer der ältesten Industrielandschaften der Welt, begründeten und festigten Macht und Reichtum der Fürsterzbischöfe und veranlassten die Habsburger, zu Beginn des 14. Jhs. einen eigenen Salzwirtschaftsstaat – das Salzkammergut – zu betreiben. Orte, in denen Salz eine große Rolle gespielt haben, tragen oft das mittelhochdeutsche Wort *Hall* (für Salz) im Namen – wie Hallein und Hallstatt.

SCHNÜRLREGEN

Wer nach Salzburg fährt, ist gut beraten, den Regenschirm nicht zu vergessen. Je kleiner er ist, umso besser. Sollte nämlich Regen einsetzen, führt dies zu Stau in den engen Gassen, weil die großen Schirme nicht aneinander vorbeikommen. Regen heißt in Salzburg Schnürlregen, meistens zumindest, weil das Wasser wie in Schnüren vom Himmel kommt. Schuld daran sind die Nordstaulagen: Atlantische West- und Nordwestwinde bringen zu allen Jahreszeiten feuchte Luftmassen, die sich am Gebirgsrand stauen und abkühlen.

SCHRIFTSTELLER

Der 1887 in Salzburg geborene expressionistische Lyriker Georg Trakl verhalf der Literatur seiner Heimatstadt zu Weltgeltung. Karl Heinrich Waggerl (1897–1973) hingegen, der in Bad Gastein geboren wurde und später in Wagrain lebte, wurde als Idylle schaffender Heimatverkünder vermarktet und gefeiert. Georg Eberl (1893–1975) und Franz Innerhofer (1944–2002) beschrieben Schicksale von Knechten, Mägden und nicht ehelichen Kindern in der ersten Hälfte des 20. Jhs. Thomas Bernhard kam während des Zweiten Weltkriegs nach Salzburg, Carl Zuckmayer übersiedelte 1926 von Berlin nach Henndorf, Stefan Zweig lebte von 1919 bis 1934 auf dem Kapuzinerberg, Peter Handke wohnte 1979 bis 1988 auf dem Mönchsberg, O. P. Zier aus St. Johann im Pongau siedelt seine Geschichten über die „kleinen Leute" und die großen Amtsinhaber in einem Ambiente jenseits der Postkartenidylle an.

Das Salzburger Literaturhaus Eizenbergerhof in der Strubergasse tritt seit 1991 erfolgreich als Ort der Literaturvermittlung und -präsentation auf und ist Sammelstätte der verschiedenen Literaturorganisationen.

STILLE NACHT

„Stille Nacht, heilige Nacht" ist das bekannteste Weihnachtslied der Welt – und kommt aus dem Salzburger Land. 1816 hat der Hilfspriester Joseph Mohr den Liedtext in Mariapfarr im Lungau aufgeschrieben, kurz vor Weihnachten 1818 komponierte der Arnsdorfer Dorfschullehrer und Organist Franz Xaver Gruber eine Melodie dazu. Die Premiere fand am Heiligabend in der Kirche St. Nikolaus in Oberndorf bei Salzburg statt. Die Stille-Nacht-Kapelle, wie sie heute genannt wird, ist mittlerweile zur Touristenattraktion geworden. Es gibt sogar ein Museum, das sich der Entstehung und Verbreitung des Liedes widmet. Es wurde in über 300 Sprachen und Dialekte übersetzt.

TRAPP-FAMILIE

Die Trapp-Familie erreichte dank eines Buches („The Story of the Trapp Family Singers") und des darauf basierenden Films „Die Trapp-Familie" (1956) Weltruhm. Die Geschichte kurz zusammengefasst: Die Novizin Maria soll sich um die sieben Kinder des Barons von Trapp kümmern. Die beiden verlieben sich ineinander, heiraten und bringen den Kindern das Singen bei. Die Handlung ist an Maria Augusta von Trapps Lebensgeschichte angelehnt, die in Salzburg als Hauslehrerin beim Witwer Trapp arbeitete, 1938 mit ihm in die USA emigrierte und mit den Kindern als Familienchor durch die Welt tourte. Berühmt wurde auch das Musical „The Sound of Music", das 1959 am Broadway Premiere feierte.

WASSER

Wenn die ungeheuren Schneemassen in den Hohen Tauern schmelzen, stürzt das Wasser zu Tal. Diesen Umstand hat sich die Technik zunutze gemacht: Die Kraftwerksgruppe Glockner-Kaprun arbeitet als Speicher- oder Hochdruckkraftwerk und liefert sozusagen auf Knopfdruck die benötigte Menge an Strom. Mit der technischen Großleistung, fertiggestellt 1955, hat sich die Zweite Republik ein frühes Denkmal gesetzt. Heute ist die Qualität des Wassers in den zahlreichen Badeseen ein kostbares Gut. Kurorte wie Bad Gastein, Bad Vigaun und Bad Ischl profitieren von der Heilkraft des Wassers.

❯ DAS KLIMA IM BLICK
Handeln statt reden

Reisen bereichert und verbindet Menschen und Kulturen. Jedoch: Wer reist, erzeugt auch CO$_2$. Dabei trägt der Flugverkehr mit bis zu 10 % zur globalen Erwärmung bei. Wer das Klima schützen will, sollte sich somit nach Möglichkeit für die schonendere Reiseform (wie z. B. die Bahn) entscheiden. Wenn keine Alternative zum Fliegen besteht, so kann man mit *atmosfair* handeln und klimafördernde Projekte unterstützen.

atmosfair ist eine gemeinnützige Klimaschutzorganisation.

Die Idee: Flugpassagiere spenden einen kilometerabhängigen Beitrag für die von ihnen verursachten Emissionen und finanzieren damit Projekte in Entwicklungsländern, die dort helfen, den Ausstoß von Klimagasen zu verringern. Dazu berechnet man mit dem Emissionsrechner auf *www.atmosfair.de* wie viel CO$_2$ der Flug produziert und was es kostet, eine vergleichbare Menge Klimagase einzusparen (z. B. Berlin–London–Berlin: ca. 13 Euro). *atmosfair* garantiert, unter der Schirmherrschaft von Klaus Töpfer, die sorgfältige Verwendung Ihres Beitrags. Auch der MairDumont Verlag fliegt mit *atmosfair*.

Unterstützen auch Sie den Klimaschutz: *www.atmosfair.de*

FESTSPIELE UND FASCHING

Ob Oper oder Perchtenlauf – es geht um große Gefühle und den Lauf der Zeit

■ OFFIZIELLE FEIERTAGE ■

1. Jan. *Neujahrstag;* **6. Jan.** *Hl. Drei Könige; Ostermontag;* **1. Mai** *Tag der Arbeit; Christi Himmelfahrt; Pfingstmontag; Fronleichnam;* **15. Aug.** *Mariä Himmelfahrt;* **26. Okt.** *Nationalfeiertag;* **1. Nov.** *Allerheiligen;* **8. Dez.** *Mariä Empfängnis;* **25. Dez.** *Christtag;* **26. Dez.** *Stephanitag*

■ FESTE UND VERANSTALTUNGEN

Januar

Zu *Dreikönig* (6. Jan.) gibt es *Perchtenumzüge* (Maskenumzüge) im *Gasteiner Tal,* in *St. Johann, Bischofshofen, Altenmarkt* und *Rauris;* in *Gmunden* wird die Ankunft der drei Weisen über den Traunsee gefeiert, und in der Umgebung Salzburgs findet das *Aperschnalzen* statt: Der Winter wird vertrieben, indem ein Hanfseil rhythmisch geschlagen wird. Die *Mozartwoche,* das Salzburger Musikfest im Winter, ist Ende Januar der Pflege des Mozart-Œuvres gewidmet. *www.mozarteum.at*

Februar/März

Zum *Fasching in Bad Aussee* wird die Welt ein paar Tage auf den Kopf gestellt. Sehenswert: die Flinserlkostüme, Trommelweiber (verkleidete Männer) und die „Pleß", hässliche, ausgestopfte Figuren.

▶▶ *SnowJazz Gastein:* mehrtägiges, international besetztes Festival. *www.jazzgastein.com*

Inside Tipp

März

▶▶ *Rauriser Literaturtage:* Autoren aus dem deutschsprachigen Raum lesen in Wirtshäusern. *www.rauris.net*

April

Salzburger Osterfestspiele: In zwei Zyklen kommen eine Oper und drei Orchesterkonzerte zur Aufführung. *www.osterfestspiele-salzburg.at*

Mai/Juni

Am Pfingstwochenende finden die *Pfingstfestspiele* (hauptsächlich Barockmusik) unter der Schirmherrschaft der Salzburger Festspiele statt.

Aktuelle Events weltweit auf www.marcopolo.de/events

> EVENTS
FESTE & MEHR

Juni

⭐ *Narzissenfest im Ausseer Land:*
Korso von Autos und Booten, die
mit unzähligen weißen Narzissen
geschmückt sind (Anfang Juni)
Sonnwendfeuer auf den Kämmen und
Höhen der Hohen Tauern (19.–21. Juni)
Prangstangen in Zederhaus und Muhr:
Das Tragen der Blumensäulen geht auf
ein Gelöbnis zurück.

Juli/August

⭐ *Salzburger Festspiele* (Ende Juli bis
Ende Aug.). *www.salzburgfestival.com*
⭐ Internationales Tanz- und Theater-
festival *Szene. www.szene-salzburg.net*
Operettenfestspiele in *Bad Ischl*
(www.leharfestival.at)
Attergauer Kultursommer (www.atter
gauer-kultursommer.at) und *Diabelli-*
Sommer (www.diabellisommer.at) in
Mattsee: Kammermusik und Literatur
Air Challenge: Lifestyle-Event im Resort
Scalaria am Wolfgangsee mit atem-
beraubender Flugshow (Mitte Juli).
www.scalaria.com

Samsonumzüge im Lungau: Die bis zu
6 m hohe biblische Figur wird mit Musik
und Tanz durch den Ort getragen.
▶▶ *Jazzfestival Saalfelden (Ende Aug.).*
www.jazzsaalfelden.at
Bauernherbst in 81 Orten (Ende Aug. bis
Okt.). *www.bauernherbst.com*

September/Oktober

▶▶ *Ausseer Kirtag* am ersten Septem-
berwochenende: Kirmes, von den Ein-
heimischen in Tracht besucht
Mondsee-Tage: Literatur und Musik im **Insider Tipp**
Schloss Mondsee. www.mondseetage.
com
Ruperti-Kirtag in Salzburg (Ende Sept.)
Salzburger Kulturtage (Mitte–Ende Okt.)

November/Dezember

⭐ *Adventsingen* in vielen Orten und an
jedem Adventwochenende im Salzburger
Großen Festspielhaus. www.salzburger
adventsingen.at
Christkindlmärkte: am *Schloss Hellbrunn,*
am Wolfgangsee *(www.wolfgangseer-ad*
vent.at), auf *Gut Aiderbichl* und in *Großarl.*

> NOCKERLN, BLADLN UND KAISERSCHMARRN

Die regionale Küche tritt wieder traditions- und qualitätsbewusst auf

> **Die regionale Küche besinnt sich auf ihre Wurzeln, ergänzt und verfeinert sie den heutigen Essgewohnheiten entsprechend und konzentriert sich auf Produkte aus der Region wie Tauernlamm, Pinzgauer Rind oder Käse und Milchprodukte.** Dieses wieder erstarkte Selbstbewusstsein der Wirte trägt dazu bei, dass die deftige, ursprüngliche Küche nicht länger verleugnet wird. Damit hat zugleich auch das ausgeprägte Stadt-Land-Gefälle an Bedeutung verloren, zumindest was Essen und Trinken angeht.

Die hohe Qualität, die die Salzburger Küche in den vergangenen Jahren erreicht hat, spiegelt sich auch im Fachurteil der Restaurantkritiker wider. So sind mit *Obauer* in Werfen und der *Hubertusstube* in Filzmoos zwei Vier-Hauben-Lokale des Gault Millau im Salzburger Land angesiedelt. Mit jeweils drei Hauben ausgezeichnet wurden u. a. das *Döllerer* in

ESSEN & TRINKEN

Golling, das *Pfefferschiff* in Hallwang, das *Riedenburg* in der Stadt Salzburg und das *Imperial* im Schloss Fuschl. Ein Geschmackserlebnis für sich ist das *Ikarus* von Red-Bull-Erfinder Dietrich Mateschitz im Hangar 7 am Salzburg Airport. Dort steht im monatlichen Wechsel ein anderer Gastkoch am Herd.

In Salzburg und seiner unmittelbaren Umgebung hat das internationale Festspielpublikum eine kreative, regional gefärbte Küche gefördert. Eine typische Salzburger Küche mit unverwechselbaren Gerichten gibt es aber nicht, vielmehr zeichnet sich jeder Landesteil durch einzelne Gerichte aus. So unterscheiden sich die Pinzgauer Kaspressknödel von den Lungauer Kasknödeln dadurch, dass der Bergkäse im Pinzgau härter und pikanter ist. Auch das Gelingen der Kasnocken hängt von der Käsequalität ab. Sie werden in einer großen

Pfanne, die auf einem Pfannenknecht steht, und mit grünem Salat als Beilage aufgetragen.

Was die Kasnocken für den Pinzgauer sind, sind für den Pongauer Bladln – ein meist mit Roggenmehl zubereiteter Teig, in Quadrate oder Dreiecke geschnitten und in Fett ausgebacken – und Fleischkrapfen. Dazu gibt es Sauerkraut, das oft als Beilage zu finden ist. Nocken (Nudeln) werden in allen Landesteilen gern gegessen, besonders in der süßen Variante mit Früchten der Jahreszeit wie Ribisel (Johannisbeeren), Moosbeeren (Heidelbeeren), Kirschen, Äpfeln, Birnen

> ## SPEZIALITÄTEN

Genießen Sie die typisch Salzburger Küche!

Bierfleisch – geröstetes Rindfleisch mit Schwarzbrotwürfeln, aufgegossen mit Bier und gewürzt mit Koriander, Wacholderbeeren und Kümmel

Biersuppe – Rindssuppe mit dunklem Bier, Zwiebeln und Schwarzbrotwürfeln, passiert und mit Zimt, Nelken und getoasteten Weißbrotwürfeln verfeinert

Fleischkrapfen – Bladlteig, gefüllt mit gekochtem Rindfleisch (geselchter Schopf), Speck, Zwiebel, Knoblauch und Petersilie, in Fett ausgebacken

Kaiserschmarrn – aus Eiern, Mehl, Milch, Vanillezucker und Rosinen, meist mit Zwetschkenröster, einer Art Kompott, serviert

Kasnocken – eine Art Spätzleteig, durch ein Nockensieb in kochendes Wasser gedrückt, mit fein geschnittenem Pinzgauer Käse vermischt und mit gerösteten Zwiebeln oder Schnittlauch garniert

Kaspressknödel – Knödel aus Mehl, Wasser, Ei, Salz und Pinzgauer Käse, in Fett goldgelb ausgebacken und in Salzwasser gegart

Mostbratl – mit Selchspeckscheiben belegter und in ein Schweinsnetz eingeschlagener Schopfbraten, unter wiederholtem Aufgießen von Most gegart; dazu gibt es Kartoffel- oder Semmelknödel

Muas – einfacher Schmarrn (Pfannkuchen) aus Mehl, Salz und Wasser, in Butterschmalz gebacken und mit frischen Beeren (Johannis-, Heidelbeeren) oder Kirschen vermischt

Salzburger Nockerln – Masse aus steif geschlagenem Eiweiß mit Puderzucker, Eigelb, Mehl und geriebener Zitronenschale, im Ofen goldbraun gebacken (Foto)

oder Zwetschgen. Die adelige Krönung all dessen ist der Kaiserschmarrn, der seinen Ursprung im Salzkammergut hat. Rezeptur und Zubereitung hatte Kaiser Franz Joseph auf seinen Jagdausflügen bei den Holzfällern abgeschaut und höfisch verfeinern lassen. Die vielen Seen und Flüsse in der Umgebung der Stadt Salzburg lieferten frischen Fisch für die höfische Tafel, wobei Karpfen und Forelle am beliebtesten waren. Fische und Flusskrebse sind heute noch ein wichtiger Bestandteil der Speisekarte.

Das Salzburger Land und das Salzkammergut sind keine Weinanbaugebiete. Dafür blickt die Gegend auf eine jahrhundertelange Biertradition zurück, was sich auch in der Speisezubereitung, wie etwa bei der Biersuppe oder dem Bierfleisch, einer Spezialität aus der Stadt Salzburg, niederschlägt. Namen von Gasthöfen wie *Bräurup* in Mittersill oder *Caspar Moser Bräu* in Henndorf verweisen auf die einstige Konzession, Bier zu brauen. Die *Trumer Privatbrauerei* in Obertrum zählt zu den ältesten Weißbierbrauereien.

Keinen Wein anzubauen heißt aber keinesfalls, nichts von Wein zu verstehen. Abgesehen von den Spitzenrestaurants zeichnen sich mittlerweile auch die meisten Gasthöfe und Restaurants durch ein qualitätsbewusstes Weinangebot aus, wobei die österreichischen Weine wie Zweigelt und Grüner Veltliner bevorzugt auf der Karte stehen.

Salzburg ist nicht Wien, aber der Kaffee, der klassisch österreichisch als Brauner, Mokka oder Verlängerter serviert wird, steht dem Wiener in

Traditionsbewusstsein und aktuelle regionale Küche passen prima zusammen

nichts nach. Einzig der Frühstückskaffee kann zu wünschen übrig lassen. Aber wo ist das nicht der Fall?

Mit der Rechnung kommt der Schnaps. Man muss kein Freund von harten Sachen sein, um einen selbst gebrannten Vogelbeerschnaps genießen zu können. Im Herbst, wenn die Früchte der Eberesche dunkelrot sind, beginnt der Wettkampf zwischen Schnapsbrennern und Vögeln: Wer ist der Schnellere? Ist es der Schnapsbrenner, gibt es im nächsten Jahr wieder einen „Vogelbeeren". Das Sortiment geht freilich weit darüber hinaus und schließt den Obstler wie den Birnen- und Marillenschnaps selbstverständlich mit ein.

SHOPPING FÜR INDIVIDUALISTEN

Hier gibt es wenig, was es woanders nicht auch gäbe,
aber das Wenige ist durchaus exquisit

> Die Salzburger Altstadt eignet sich ideal für einen Einkaufsbummel, weil von Mode bis Souvenirs alles auf engstem Raum zu haben ist. In den sogenannten Durchhäusern zum Universitätsplatz und zur Griesgasse befinden sich viele Mode- und Schmuckboutiquen. Hier in der Gegend lohnt es sich durchaus, nach dem einen oder anderen Angebot zu suchen. Beliebte Mitbringsel aus Salzburg sind auch kleine Sträuße aus getrockneten Blumen und Gewürzen wie Nelken und Zimt. Souvenirs in Form von Kunsthandwerk und hochprozentigen Getränken finden Sie im Salzburger Land und im Salzkammergut auch in kleinen Orten.

ANTIQUITÄTEN & KUNST

In den zahlreichen Antiquitätengeschäften und Antiquariaten der Salzburger Altstadt haben die schönen Stücke ihren Preis, ebenso auf der jährlich zu Ostern in der ehemaligen fürsterzbischöflichen Residenz abgehaltenen Kunst- und Antiquitätenmesse. Eine große Auswahl an alten Möbeln und bäuerlichem Kultur- und Gebrauchsgut gibt es in Grödig, Oberalm, Bergheim und Maishofen. Wer ein Faible für Trachtenschmuck hat, wird ebenso fündig werden. Für den Kauf von Antiquitäten und Wertgegenständen jeder Art ist in der Stadt Salzburg das Auktionshaus *Dorotheum* in der Schrannengasse [U C3] eine sehr gute Adresse. Gute Chancen auf ein Schnäppchen bieten auch die meist an Wochenenden abgehaltenen Trödlermärkte. Von besonderem Flair ist der *Flohmarkt* in Bad Ischl auf der Esplanade (jeden ersten Samstag im Monat).

BIOPRODUKTE

Salzburgs Bauern produzieren schon seit vielen Jahren unter ökologischen und biologischen Gesichtspunkten, und sehr viele verkaufen ihre Produkte ganz frisch ab Hof oder auf den vielen Bauernmärkten, die meist samstags abgehalten werden. Von selbst gemachten Säften und Marmeladen über handgeschöpften

> EINKAUFEN

Rohmilchkäse bis zu würzigem Brot und Speck ist alles zu haben, was der Hof hergibt. Auf den Höfen, die Schafe halten, gibt es auch verschiedene Wollprodukte. Markt findet täglich außer Sonntag auf dem *Grünmarkt* am Salzburger Universitätsplatz [U C4] und am Donnerstagvormittag auf der *Schranne* am Mirabellplatz [U C3] statt.

■ MOZARTKUGELN & CO. ■

Zu einem Besuch in der Mozartstadt gehört unbedingt eine Mozartkugel, die in ihrem Kern aus Pistazienmarzipan besteht und mit feinem Nougat überzogen ist. Die industriell gefertigte Variante ist in jedem Supermarkt zu haben. Wer es exklusiver schätzt, geht in die Konditoreien *Fürst* (am Alten Markt) [U C4] oder *Schatz* (im Schatz-Durchhaus, einem der Durchhäuser zwischen Universitätsplatz und Getreidegasse) [U C4] und fragt nach der 1890 von Paul Fürst erfundenen „Originalfassung", die in silbernem Stanniol mit blauem Aufdruck verpackt ist. In der *Confiserie Sacher* (im

Hotel Sacher) in der Schwarzstraße [U C4] gibt es die originale Sachertorte zu kaufen. Die verführerische *Confiserie Berger* *(www.confiserie-berger.at)* in Lofer macht mit handgemachten Schokoladenkreationen von sich reden. Filialen gibt es in Saalfelden und in Salzburg. Süße Mitbringsel in Form feinster Pralinen werden auch in der *Confiserie Hochleitner* in Tamsweg hergestellt.

■ TRACHTENMODEN ■

Trachtenmoden für verschiedene Anlässe gibt es in vielen Orten zu kaufen. Wenn Sie an eine Maßanfertigung denken, lassen Sie sie vielleicht nach alten Vorlagen der Tracht Ihrer Lieblingsgegend ausführen. Die *Stoffdruckerei Sekyra* *(Parkgasse 153)* in Bad Aussee fertigt Handdrucke, auch auf Seide und Leder, mit alten Modeln an. Lederhosen, wie sie bevorzugt im Ausseer Land getragen werden, sitzen übrigens erst dann richtig gut, wenn sie sozusagen zur zweiten Haut geworden sind und reichlich Patina angesetzt haben.

> STADT DER BISCHÖFE UND DER MUSIK

Je bekannter eine Stadt ist, umso weniger kennt man ihre versteckten Winkel

 KARTE IN DER HINTEREN UMSCHLAGKLAPPE

> [117 D–E3] **Salzburg ist viel mehr als das, was auf den Bildern, die um die Welt gehen, zu sehen ist.**

Das große geschichtliche Erbe und die Tradition als Landeshaupt- und Universitätsstadt sowie als Verwaltungs- und Handelszentrum mit 150000 Einwohnern lassen sich nicht immer harmonisch miteinander verbinden. Die Festspiele als mächtiger Wirtschaftsfaktor geben in vielem den Ton an, und das nicht nur, wenn sich der Taktstock hebt. Zum Festspielbezirk (Hofstallgasse und Max-Reinhardt-Platz) gehören das aus der ehemaligen Winterreitschule entstandene Kleine Festspielhaus, in ein „Haus für Mozart" umgebaut, des Weiteren die Felsenreitschule, die durch ihre beeindruckende Kulisse besticht, und nicht zuletzt das Große Festspielhaus mit über 2000 Sitzplätzen.

> *www.marcopolo.de/salzburg*

STADT
SALZBURG

Ein Blick von der Festung, vom Mönchsberg oder vom Kapuzinerberg auf die Stadt zeigt deren Gliederung in den Dombezirk mit den zahlreichen Kirchen und Klöstern, in die sich anschließende Fürstenstadt mit großen Plätzen und feudalen Palästen sowie in die Bürgerstadt, deren mittelalterliche Struktur mit engen, verwinkelten Gassen – Getreide-, Juden-, Gstätten- oder Steingasse – weitgehend erhalten geblieben ist. Charakteristisch sind die Durchhäuser, jene Durchgänge von der Getreidegasse zum Universitätsplatz oder zur Seite der Griesgasse hin, die die tiefen Häuserblöcke erschließen, die Wege verkürzen und kleine Geschäfte und Cafés beherbergen. Bei einer Bootsfahrt auf der Salzach – auch bei Nacht inklusive Candle-Light-Dinner – ergeben sich neue Aus- und Einblicke. Die Anlegestelle ist am Makartsteg auf der Altstadtseite [U C4].

BAROCKMUSEUM [U C3]

In der Orangerie des Mirabellgartens sind neben Zeichnungen und Ölskizzen Bildhauermodelle europäischer

DOM [U C–D 4–5]

Die älteste Bischofskirche des heutigen Österreich, ein frühbarocker Bau (1614–28) von Santino Solari, steht an der Stelle der ersten nachweisbaren

Der reiche Stuck betont die Helligkeit im Innenraum des Salzburger Doms

Künstler des 17. und 18. Jhs. zu sehen, etwa von Gian Lorenzo Bernini, Peter Paul Rubens, Johann Michael Rottmayr, Michael Zürn d. J., Johann Martin Schmidt (Kremser Schmidt) und Paul Troger. Die Werke stammen hauptsächlich aus der privaten Sammlung von Kurt und Else Rossacher. *Sept.–Juni Mi–So 10–17 Uhr, Ostern und Juli/Aug. Di–So 10 bis 17 Uhr | Eintritt 4,50 Euro | www. barockmuseum.at | Mirabellgarten*

Kirche von 774. Die Doppelturmfassade bietet eine beeindruckende Kulisse nicht zuletzt für die Aufführungen des „Jedermann". In der Apsis und in der Krypta unter der Vierung befinden sich Grabdenkmäler. *Jan., Feb. und Nov. Mo–Sa 8–17, So 13–17 Uhr, März/April und Okt. Mo–Sa 8 bis 18, So 13–18 Uhr, Mai–Juli und Sept. Mo–Sa 8–19, So 13–19 Uhr, Aug. Mo–Sa 8–20, So 13–20 Uhr (während der Messe keine Besichti-*

gung gestattet) | Gratisführungen Juli/Aug. Mo–Fr 14 Uhr, Treffpunkt Domvorhalle

DOMMUSEUM [U C–D 4–5]

In dem 1974 in den Domoratorien und den südlichen Dombögen eingerichteten Museum werden Restbestände des Domschatzes und der erzbischöflichen Kunst- und Wunderkammer gezeigt sowie Kunstwerke aus der Erzdiözese, die aus Sicherheitsgründen nicht am ursprünglichen Standort belassen werden können. Unterhalb der nördlichen Dombögen befindet sich das Domgrabungsmuseum mit Resten der Vorgängerkirchen. *Mitte Mai–Okt. und Dez. Mo bis Sa 10–17, So 11–18 Uhr | Eintritt 6 Euro | Führungen Sa 10.30 Uhr oder nach Vereinbarung | www.kirchen.net/dommuseum | Eingang in der Domvorhalle*

FESTUNG HOHENSALZBURG ⭐ ❄ [U C–D5]

Machtgebieterisch und kraftstrotzend thront die Festung auf dem 119 m hohen Dolomitstock, seit Anfang der 1990er-Jahre wie im Mittelalter wieder strahlend hell getüncht. Die Bauzeit erstreckte sich über sechs Jahrhunderte und wurde mit dem Bau der Kuenburg-Bastei abgeschlossen. Bequem ist die Fahrt mit der Festungsbahn (Talstation in der Festungsgasse). Beeindruckender ist aber der Aufstieg zu Fuß, entweder über die links vom Stationsgebäude beginnende Stiege oder, weniger anstrengend, über die Festungsgasse. Die wichtigsten und schönsten Räume wie Goldene Stube, Goldener Saal und Festungskirche sind nur im Rahmen von Führungen zu besichtigen. *Tgl. Okt. bis April 9.30–17 Uhr, Ostern 9–18 Uhr, Mai–Sept. 9–19 Uhr | Eintritt Kombiticket mit Festungsbahn 10,50 Euro, ohne Bahn 7,40 Euro*

FRIEDHOF ST. SEBASTIAN [U D3] Insider Tipp

Nach dem Vorbild eines Camposanto mit Arkadengang und Gruften Ende des 16. Jhs. umgestaltet, wurde der Ort Begräbnisstätte vieler Salzburger Familien. Wo von 1499 an Pesttote und Aussätzige verscharrt wurden, steht auch das Mozart-Familiengrab. Wolfgang Amadeus Mozartist auf dem St. Marxer Friedhof in Wien begraben. Im Zentrum der Anlage steht die Gabrielskapelle, das Mausoleum, das sich Fürsterzbischof Wolf Dietrich von Raitenau im Stil der

MARCO POLO HIGHLIGHTS

⭐ **Festung Hohensalzburg**
Größte mittelalterliche Trutzburg, 119 m über der Stadt (Seite 33)

⭐ **Mozarts Geburtshaus**
Das Haus in der Getreidegasse 9 ist Pilgerziel aller Salzburg-Besucher (Seite 34)

⭐ **Salzburg Museum**
Neues Landesmuseum in altem Gemäuer – und in modernster Architektur gestaltet (Seite 36)

⭐ **Zoo Salzburg**
Am Hellbrunner Berg sind mehr als 140 Tierarten zu Hause (Seite 38)

Spätrenaissance errichten ließ. Zwischen Kirche und Friedhof liegt das Grab von Paracelsus (Theophrast von Hohenheim, gestorben 1541), dem weit gereisten Arzt und Verfasser kirchenkritischer Schriften. *Tgl. 8–18 Uhr bzw. bis zum Einbruch der Dunkelheit*

GETREIDEGASSE [U C4]

Salzburgs Renommiermeile hat mit dem Einzug der Filialen internationaler Mode- und Fastfoodketten beträchtlich an Charme verloren. Fassaden aus mehreren Stilepochen, vom Mittelalter bis zum Historismus, fü-

In Salzburgs Getreidegasse wurde Wolfgang Amadeus Mozart geboren

gen sich aneinander, Hausschilder und Zunftzeichen ergänzen das unverwechselbare Straßenbild. Gedenktafeln erinnern an die Musiker Heinrich Ignaz Franz Biber und Sigismund von Neukomm. Im Haus Nr. 37 ist das traditionsbewusste Festspiel-Hotel ▶▶ Goldener Hirsch etabliert.

HAUS DER NATUR [U C4]

Das Naturkundemuseum ist nach umfassender Renovierung mit 7000 m^2 Ausstellungsfläche das größte Museum der Stadt. Neben Ausstellungsklassikern wie Aquarium, Reptilienzoo und Weltraumhalle bietet das interaktive „Science Center" Themen aus Technik und Naturwissenschaft. Nach interessanten Entdeckungen entspannt sich's wunderbar im Café-Restaurant *Vogelfrei* mit wunderschöner 🌿 Dachterrasse. *Tgl. 9–17 Uhr | Eintritt 6 Euro | www.hausdernatur.at | Museumsplatz 5*

MOZARTS GEBURTSHAUS ⭐ [U C4]

Dreh- und Angelpunkt jedes Salzburg-Besuchs ist das Haus Getreidegasse 9, in dem Wolfgang Amadeus Mozart am 27. Januar 1756 geboren wurde. In der ehemaligen Wohnung im dritten Stock sind originale Musikinstrumente wie Mozarts Kindergeige und Klavichord sowie Möbel, Gemälde und Handschriften ausgestellt. *Sept.–Juni tgl. 9–17.30 Uhr, Juli/Aug. 9–20 Uhr | Eintritt 7 Euro, Kombiticket mit Mozart-Wohnhaus 12 Euro*

MOZART-WOHNHAUS [U C3]

1773 zog die Familie Mozart auf die rechte Salzachseite in das Haus Makartplatz Nr. 8. Das während des Zweiten Weltkriegs zerstörte Gebäude wurde in den 1990er-Jahren mit japanischer Finanzhilfe rekonstruiert. Im Tanzmeistersaal finden historische Konzerte statt, und es gibt eine umfassende Sammlung von Film- und Tonaufnahmen sowie von Briefen Mozarts an seine Schwester und die Eltern. *Sept.–Juni tgl. 9–17.30 Uhr, Juli/Aug. 9–20 Uhr | Eintritt 7 Euro, Kombiticket mit Mozarts Geburtshaus 12 Euro*

MUSEUM DER MODERNE
SALZBURG MÖNCHSBERG ☼ [U B4]

Der Bau über der Felsklippe des Mönchsbergs fügt sich mit der Fassade aus Untersberger Marmor harmonisch in die Stadtlandschaft ein. Auf vier Ebenen und einer Skulpturenterrasse werden die Sammlungsbestände zur internationalen Kunst des 20. und 21. Jhs. gezeigt, die durch Dauerleihgaben ergänzt werden. Bruno Gironcolis metallische Embryonenwelten, Heimo Zobernigs Videoinstallationen und Cindy Shermans fotografische Selbstbefragungen sind einige der Ausstellungsschwerpunkte. Das Museumsrestaurant *M32 (So, Mo geschl. | Tel. 0662/84 10 00 | www.m32.at)* hat eine traumhafte ☼ Terrasse mit Blick über ganz Salzburg. *Di, Do–So 10–18, Mi 10–20 Uhr, während der Oster- und Salzburger Festspiele auch Mo 10–18 Uhr | Gratisführung Mi 18.30 Uhr | Eintritt 8 Euro | www.museumdermoderne.at | Zugang über Lift vom Anton-Neumayr-Platz aus (1,80 Euro)*

MUSEUM DER MODERNE
SALZBURG RUPERTINUM [U C4]

Im ehemaligen Seminar für Priesterzöglinge, wo Salzburgs Museum für moderne Kunst erstmals etabliert wurde, sind Zeichnungen und Druckgrafiken u.a. von Gustav Klimt und Oskar Kokoschka sowie österreichische Plastik nach 1945 zu sehen. Sonderausstellungen. Integriert ist die Österreichische Fotogalerie mit 15 000 Werken hauptsächlich aus der Zeit nach 1945. *Di, Do–So 10–18, Mi 10–20 Uhr, während der Oster- und Salzburger Festspiele auch Mo 10–18 Uhr | Eintritt 6 Euro | www.museumdermoderne.at | Wiener-Philharmoniker-Gasse 9*

PFERDESCHWEMMEN

Von der aufwendigen Hofhaltung der Fürsterzbischöfe zeugen die Pferdeschwemmen am Kapitelplatz [U C–D5] bzw. am Herbert-von-Karajan-Platz (Neutor) [U C4]. Die bauliche Gestaltung der „Pferdewaschanlagen" weist weit über ihre Funktionalität hinaus. Joseph Anton Pfaffinger schuf die Neptunplastik auf der Kapitelschwemme und die Brunnenfratzen auf der Marstallschwemme neben dem Neutor.

RESIDENZ [U C4]

Die Ursprünge der fürsterzbischöflichen Machtzentrale gehen auf den Beginn des 12. Jhs. zurück. Das heutige Erscheinungsbild wurde zwischen dem 16. und 18. Jh. geprägt. Vom Residenzplatz aus, in dessen Mitte die Fontäne des 1656–61 erbauten Brunnens in die Höhe schießt, betritt man den Ehrenhof, von dem eine Treppe ins *piano nobile* mit den Repräsentationsräumen führt, die man einst zu Pferde erklimmen konnte. *Tgl. 10–17 Uhr | Eintritt 8,50 Euro inkl. Residenzgalerie*

RESIDENZGALERIE [U C4]

Die 1923 gegründete Landesgalerie mit den Sammlungen Czernin und Schönborn-Buchheim zeigt in ehemaligen fürsterzbischöflichen Repräsentationsräumen europäische Malerei des 16. bis 18. Jhs. sowie österreichische Malerei des 19. Jhs. *Di–So 10–17 Uhr, Weihnachten und während der Festspiele auch Mo 10–17 Uhr, Ruhetage im Frühjahr und Herbst auf Anfrage | Eintritt 6 Euro | Tel. 0662/840 45 10 | www.residenzgalerie.at | Residenzplatz 1*

SALZBURG MUSEUM ⭐ [U D4]

Das Landesmuseum präsentiert sich in neuem Look. Untergebracht ist es in dem vom Fürsterzbischof Wolf Dietrich erbauten Palais für Gäste, Neue Residenz genannt. Die Sammlung zum Mythos Salzburg ist geordnet nach den Schwerpunkten Salz, Bischöfe und Mozart. In der Abteilung „Salzburg persönlich" werden Persönlichkeiten der Stadt vorgestellt.

Im Mittelpunkt des *Panorama-Museums (Eingang Residenzplatz 9)* steht das von Johann Michael Sattler (1786–1847) geschaffene Panoramagemälde von Salzburg. Es ist 125 m² groß und hat einen Umfang von 26 m. Fernrohre auf der Besucherplattform erleichtern die Detailsicht. *Di–So 9 bis 17, Do 9–20 Uhr, Juli/Aug. und Dez. auch Mo 9–17 Uhr | Eintritt Salzburg Museum 7 Euro (So 5,50 Euro), Panorama Museum 2 Euro, Kombiticket 8 Euro (So 6 Euro) | www.salzburgmuseum.at | Mozartplatz 1*

SCHLOSS MIRABELL [U C3]

1606 ließ Fürsterzbischof Wolf Dietrich Lustschloss Altenau, wie Schloss Mirabell ursprünglich hieß, für Salome Alt, die Mutter seiner 14 Kinder, errichten. Später wurde es von Franz Anton Harrach umgebaut und zu einer geschlossenen Anlage zusammengefasst, den Garten gestaltete Johann Bernhard Fischer von Erlach neu. Nach einem Brand im Jahr 1818 erfolgte der Aufbau im Sinne des Klassizismus. Beachtenswert ist der Aufgang zum Marmorsaal mit Skulpturen von Raphael Donner. *Tgl. 8–18 Uhr, Mirabellgarten 6 Uhr bis zum Einbruch der Dunkelheit | Eintritt frei*

> **BLOGS & PODCASTS**
> *Gute Tagebücher und Files im Internet*

> **www.salzburg.info** – Auf der Informationsseite der Stadt Salzburg finden Sie unter dem Stichwort „Service" Filme und RSS-Feeds.

> **http://salzburgerland.wordpress.com** – Viele Links zu Blogs und Videos über Salzburg und das Salzburger Land.

> **www.salzburg.com** – Das Internetportal der Tageszeitung „Salzburger Nachrichten" mit Blogs, Fotoblogs und Videos zu tagesaktuellen Themen aus Stadt und Land.

> **www.zellamsee.com** – Unter „Service" läuft ein Podcast über die Stadt und die Region Zell am See-Kaprun.

Für den Inhalt der Blogs & Podcasts übernimmt die MARCO POLO Redaktion keine Verantwortung.

STIFT NONNBERG [U D5]

Die Benediktinerinnenabtei am östlichen Ausläufer des Festungsberges wurde um 700 vom hl. Rupert gegründet. Seine Nichte Erentrudis war die erste Äbtissin. Das Damenstift gilt als das älteste Frauenkloster im deutschsprachigen Raum. Die Klosterkirche ist eine spätgotische Basilika auf romanischem Grundriss. Neben den Resten gotischer Fresken sind vor allem das Chorfenster von 1480 und die Grabplatten der Äbtissinnen aus der Zeit ab dem 13. Jh. sehenswert. Das Kloster besitzt eine reiche Kunstsammlung: Plastik, Malerei und Kunsthandwerk. *Tgl. 7 Uhr bis zur Dunkelheit, Sommer 7–19 Uhr | nur selten Führungen (Tel. 0662/ 84 16 07) | Nonnberggasse*

ST. PETER [U C5]

Die Benediktiner-Erzabtei, im Jahr 582, einigen Quellen nach erst 696 vom hl. Rupert gegründet, gilt als ältestes noch bestehendes Kloster im deutschen Sprachraum, dessen Äbte auch Bischöfe und Erzbischöfe waren. Die Ursprünge des anrührendsten der Salzburger Friedhöfe reichen bis in die spätromanische Zeit zurück. Hier liegen der Dombaumeister Santino Solari, der Architekt Clemens Holzmeister und, in der sogenannten Kommunengruft, Johann Michael Haydn und Mozarts Schwester Nannerl begraben. Auf dem Friedhof gibt es neben kunstvoll gearbeiteten, schmiedeeisernen Grabkreuzen mehrere Kapellen, bemerkenswerte Gruftarkaden und Höhlenkrichen (Katakomben).

Über dem Mausoleum aus dem 5. Jh. wurde 1125–47 die Stiftskirche St. Peter errichtet, die einzige erhaltene hochromanische Basilika der Stadt, mit Altarbildern von Johann Martin Schmidt (Kremser Schmidt). *Friedhof April–Sept. tgl. 6.30–19 Uhr, Okt.–März bis 18 Uhr*

Blick auf die Residenz: Das barocke Palais beherbergt die Residenz-Galerie

TRAKLHAUS AM WAAGPLATZ [U C4] *Insider Tipp*

Hier wurde am 3. Februar 1887 Georg Trakl geboren, trotz seines schmalen Werks einer der bedeutendsten deutschsprachigen Lyriker des 20. Jhs. Er wuchs im Haus Waagplatz 3 (Café Demel) auf. In der 1973 gegründeten und 1987 erweiterten Trakl-Forschungs- und Gedenkstätte werden Möbel aus dem Besitz der Familie, Briefe und Schulzeugnisse Georg Trakls, Fotos, Bilder und Dokumente verwahrt sowie Literatur und Filme über Trakl gesammelt. *Nur im Rahmen von Führungen zugänglich (Mo–Fr 11 und 14 Uhr) | Eintritt 3 Euro | www.kulturvereinigung.com | Waagplatz 1a*

ZOO SALZBURG ⭐ [0]

140 heimische und exotische Tierarten – vom Alpensteinbock bis zur Zebramanguste – leben auf dem rund 14 000 m² großen Gelände am Hellbrunner Berg. Ein besonderes Highlight ist der Nachtzoo im August an jedem Freitag und Samstag bis 23 Uhr. *Nov.–März 9–16 Uhr, April bis Juni sowie Sept./Okt. 9–17 Uhr, Juli/Aug. 9–18.30 Uhr | Eintritt 9 Euro | www.salzburg-zoo.at | Anifer Landesstr. 1*

▰ ESSEN & TRINKEN ▰

CAFÉS

Ein wichtiges Salzburg-Feeling vermitteln die Kaffeehäuser: den Sommer über auf der Terrasse und in den Schanigärten – also auf dem Gehweg oder in der Fußgängerzone –, im Winter in den ehrwürdigen Stuben und Salons. Im *Bazar (So geschl. außer während der Festspielzeit | Schwarzstr. 3)* [U C4] und im *Tomaselli (Alter Markt 9)* [U D4] werden die Mehlspeisen bei der Kuchenmademoiselle bestellt.

AFRO CAFÉ [U C4]

„Africa goes pop" war ganz offensichtlich das Motto der Gestaltung. Die Gerichte, moderne afrikanische Küche, kommen peppig gewürzt auf den Tisch. An Kaffee gibt es ausschließlich afrikanische Röstungen. *Tgl. | Bürgerspitalgasse 5 | Tel. 0662/844 88 | €€*

DIE WEISSE [U D2]

Kultiges Bierlokal mit österreichischer Küche und Gastgarten. *So geschl. | Rupertgasse 10 | Tel. 0662/87 22 46 | www.dieweisse.at | €*

IKARUS [0]

Das Restaurant ist im Glasturm des *Hangar 7,* eines Museums für Flug-Oldtimer, am Salzburger Flughafen untergebracht. Jeden Monat kommen Menüs von einem anderen Gastkoch auf die Karte, alles unter der Regie von Eckart Witzigmann. *Tgl.* | *Wilhelm-Spazier-Str. 7a* | *Tel. 0662/21 97 77* | *www.hangar-7.com* | €€€

MAGAZIN [U A4]

Hier lässt es sich nicht nur gut essen, sondern auch nach Praktischem und Gutem stöbern: Die Gäste können Küchenutensilien und Zutaten gleich auch einkaufen. *So geschl.* | *Augustinergasse 13* | *Tel. 0662/841 58 40* | *www.magazin.co.at* | €€€

STEINLECHNER – JEDERMANNS WIRTSHAUS [U F4]

Echtes Wirtshaus-Feeling und traditionelle Gerichte mit abendlicher Bar-Stimmung. Besonders gut: Ripperl mit Wedges und Saucen. *Tgl.* | *Aigner Str. 4* | *Tel. 0662/63 36 33* | *www.steinlechnersbg.at* | €

TRIANGEL [U C4]

Die gehobene Hausmannskost im Festspielbezirk ist bei Schauspielern, Einheimischen und Gästen gleichermaßen beliebt. Plätze im Freien sind während der Festspielzeit Mangelware. *So geschl.* | *Wiener-Philharmoniker-Gasse 7* | *Tel. 0662/84 22 29* | €

ZUM BUBERL GUT [0]

Elegante, aber trotzdem sehr gemütliche Atmosphäre. Das Restaurant überzeugt mit einer Mischung aus mediterraner Küche und regionalen Zutaten. Empfehlenswert: Seezunge mit italienischem Gemüse. *Di geschl.* | *Gneiser Str. 31* | *Tel. 0662/82 68 66* | €€–€€€

■ EINKAUFEN

Das Angebot an Trachtenmoden für Damen und Herren ist groß. *Lanz* (Kranzlmarkt 1) [U C4] bietet Trachtenkleidung für Kinder an. Das *Salzburger Heimatwerk (Residenzplatz 9)* [U C4] ist außerdem eine Fundgrube für ländliche Dekorstoffe nach Origi-

Im Hangar 7 am Salzburger Flughafen

nalvorlagen. Ein neues Tor zur Trachtenwelt geht im *Gössl Gwandhaus (Morzger Str. 31)* [0] im ehemaligen Schlosshotel Rupertus auf.

Der Schirmmacher *Kirchtag (Getreidegasse 22)* [U C4] ist die beste Adresse für ein faltbares Dach über dem Kopf, und bei *Nagy (Linzer Gasse 32)* [U C3], einem der letzten

Wachszieher und Lebzelter des Landes, gibt es Kerzen für alle Anlässe und feinen Lebkuchen.

■ ÜBERNACHTEN

BLAUE GANS 🔊 [U C4]

Das trendige, frisch renovierte Arthotel ist in einem der ältesten Wirtshäuser der Stadt untergebracht und

Unterwegs auf der alten Allee zum Lustschloss Hellbrunn

liegt im Herzen Salzburgs. Die Zimmer sind alle individuell und modern gestaltet. *37 Zi. | Getreidegasse 41–43 | Tel. 0662/84 24 91 50 | Fax 842 49 19 | www.blauegans.at | €€€*

BOUTIQUEHOTEL AM DOM 🔊 [U C4]

Das neu renovierte Designhotel im Zentrum der Altstadt kombiniert den Charme des mehr als 800 Jahre alten Hauses mit komfortabler, moderner Ausstattung. *15 Zi. | Goldgasse 17 |*

Tel. 0662/84 27 65 | Fax 84 27 65 55 | www.hotelamdom.at | €€€

CASTELLANI [U E6] Insider Tipp

Sehr ruhig gelegenes Haus am Rande der Altstadt, gelungene Verbindung von Alt und Neu. In der kleinen barocken Pfarrei ist eine intime Suite untergebracht, und der Blick von den Penthouse-Suiten im Neubau geht zum Untersberg. Annehmlichkeiten wie Bügelset und beleuchteter Kosmetikspiegel sind selbstverständlich. *151 Zi. | Alpenstr. 6 | Tel. 0662/206 00 | Fax 206 05 55 | www.hotel-castellani.com | €€€*

INTERNATIONAL YOUTH HOTEL OBERMAIR [U D2]

Die Jugendherberge in Bahnhofsnähe ist quirlig und unkompliziert. *172 Betten | Paracelsusstr. 9 | Tel. 0662/ 87 96 49 | Fax 87 88 10 | www.yoho.at | €*

JOHANNESSCHLÖSSL [U B4] Insider Tipp

Wer der Festspielhektik entfliehen und trotzdem in der Stadt wohnen möchte, dem bietet sich das sanierte Gästehaus der Pallottiner auf dem Mönchsberg an. *51 Zi. (auch 3-Bett-Zi.) | Mönchsberg 24 | Zufahrt über Mülln | Tel. 0662/84 65 43 | Fax 84 63 47 86 | www.pallottiner.org | €*

SCHLOSS LEOPOLDSKRON [O] Insider Tipp

Idyllisch am Weiher gelegen und verführerisch ausgestattet, lädt das Hotel zu einem romantischen Wochenende zu zweit geradezu ein. *11 Suiten und 55 Zi. | Leopoldskronstr. 56–58 | Tel. 0662/83 98 30 | Fax 839 83 80 | www.schloss-leopoldskron.com | €€–€€€*

HOTEL STEIN [U C4]
Entspannte Atmosphäre aus Komfort und Hightech. Teilweise wurde das Flair der 1950er-Jahre liebevoll aufgeputzt. Sensationelle Aussicht von der Dachterrasse. *55 Zi. | Giselakai 3–5 | Tel. 0662/87 43 46 | Fax 874 34 69 | www.hotelstein.at | €€€*

AM ABEND

Die Kulisse der festlich angestrahlten Altstadt ist filmreif, und ein Blick vom *Müllnersteg* [U B3] lohnt sich immer. Die Dachterrasse des *Hotel Stein* [U C4] an der Staatsbrücke ist der ideale Ausgangspunkt für Nachtschwärmer. In unmittelbarer Nähe liegen Lokale wie *Friedrich's, Seitensprung* oder *Watzmann*. Auch auf der anderen Seite der Salzach, entlang der Lokalmeile am *Rudolfskai* sowie am Beginn der *Gstättengasse* [U B4], verlagert sich bei gutem Wetter das Barleben nach draußen. Das ▶▶ *Republic* am *Anton-Neumayr-Platz* [U B–C4] ist Treffpunkt der jüngeren Kunstszene *(www.sommerszene.net)*. Etwas für das ganz junge Publikum ist *Nightrow*, die Disko neben dem Designer-Outlet. Im *Jazzit (im Volxheim, Elisabethstr. 11)* [U C1], im *Take Five (Gstättengasse 7)* [U B4] und im ▶▶ *Rockhouse (Schallmooser Hauptstr. 46)* [U E3] ist fast täglich viel los.

AUSKUNFT

TOURISMUS SALZBURG GMBH
Auerspergstr. 6 [U B–C 2–3] *| Tel. 0662/ 88 98 70 | Fax 889 87 32; Mozartplatz 5* [U D4] *| Tel. 0662/88 98 73 30; www.salzburginfo.at*

Die wichtigsten Bushaltestellen in der Altstadt, *Herbert-von-Karajan-Platz* (Festspielbezirk), *Ferdinand-Hanusch-Platz* (Getreidegasse) und *Staatsbrücke* (Alter Markt, Dombezirk), werden von den Linien 1, 3, 5, 6, 7 und 8 angefahren. Die SalzburgCard für 24, 48 oder 72 Stunden kostet 22, 30 bzw. 35 Euro inkl. freiem Eintritt in alle Sehenswürdigkeiten und öffentliche Verkehrsmittel, dazu kommen viele Ermäßigungen.

ZIELE IN DER UMGEBUNG

LUSTSCHLOSS HELLBRUNN [117 E4]
Fürsterzbischof Markus Sittikus ließ 1613–19 Schloss, Gärten und Wasserspiele anlegen. Das Ensemble (5 km südöstlich vom Zentrum) gilt als einzigartiges Beispiel einer *villa suburbana* nach italienischem Vorbild nördlich der Alpen. An der Hellbrunner Allee, der Verbindung zwischen Schlossanlage und Stadt, deren Bäume zum Großteil weit über 300 Jahre alt sind, stehen u.a. die Schlösser *Frohnburg* und *Emsburg*. *Tgl. April und Okt. 9–16.30 Uhr, Mai/Juni, Sept. 9–17.30 Uhr, Juli/Aug. 9–21 Uhr | Eintritt 9,50 Euro | www.hellbrunn.at*

MARIA PLAIN [117 D3]
Die 4 km nördlich vom Zentrum auf einer Anhöhe stehende Wallfahrtskirche wurde 1671–74 errichtet und von Künstlern wie Ludwig Schwanthaler und Kremser Schmidt ausgestattet. Im Zentrum steht das Gnadenbild „Maria mit dem Jesuskind", das während des Dreißigjährigen Krieges bei einem Brand unversehrt blieb. Mozart schrieb zur Erinnerung an die Krönung des Gnadenbildes 1779 die „Krönungsmesse". Raffinierte regionale Gerichte serviert *Zur Plainlinde* Insider Tipp *(Mo und Di geschl. | Plainbergweg 30 | Tel. 0662/458557 | €€–€€€)*.

> HEITERE LANDSCHAFT IN DUR

Sanfte Hügel, stille Seen und hübsche Orte verführen
zum Nichtstun

> Die Umgebung Salzburgs, die Landschaft
der sanften Hügel, des ★ *Trumer Seen-
landes* und der Gegend um den Wallersee,
ist eine liebliche und lebendige Gegend.
Trotz aller Zersiedelung blieb der
Kern der über viele Jahrhunderte
gewachsenen Märkte und Dörfer in-
takt. Der größte Ort ist Seekirchen
(9700 Ew.), dem wie Oberndorf und
Neumarkt am Wallersee erst vor
wenigen Jahren das Stadtrecht verliehen wurde. Ein Umdenken hat

mittlerweile vielerorts zu einem Bau-
stopp geführt. Der vom Kollegiatstift
Mattsee und von der Benediktinerabtei Michaelbeuern seit über 1000
Jahren ausgehende kulturelle Einfluss
ist auch heute noch deutlich wahrzu-
nehmen, wie zum Beispiel an der
Gestaltung des jeweiligen Ortsbildes
mit stattlichen Häusern, die sich um
Hauptplatz und Kirche gruppieren.
    Verlässt man Salzburg in Richtung
Salzkammergut, wird die Gegend

FLACH GAU

zusehends bergig und versprüht ab Hof, in Faistenau und Hintersee sowie am Fuschlsee immer wieder ihren Charme. Wie ideal das leicht hügelige Trumer Seenland zum Radfahren ist, hat die 2006 hier ausgetragene Radrenn-Weltmeisterschaft deutlich gemacht, deren Rennstrecke von Salzburg über Elixhausenund weiter an den Obertrumer See führte. Bei Mattsee trifft der Mozart-Radwanderweg auf die ehemalige WM-Strecke.

ANIF

[117 E4] **Viel Grün, die Berge zum Greifen nahe und Salzburg in Sichtweite: Aus diesen Zutaten hat sich einer der hübschesten „Vororte" Salzburgs (4100 Ew.) entwickelt.** Herbert von Karajan hat lange hier gewohnt und seine letzte Ruhestätte gefunden; ein Bronzeporträt am Friedhofseingang erinnert an den großen Dirigenten. In Richtung Hallein steht links das im 16. Jh.

errichtete Wasserschloss Anif, das 1840–48 im Stil der Neogotik umgebaut wurde. Seit 1891 ist das Schloss im Privatbesitz der gräflichen Familie von Moy, die es 1995 bis 2000 grundlegend renovieren ließ. Von innen kann

■ ÜBERNACHTEN ■

FRIESACHER
Gemütlich eingerichtet, im Ortszentrum. *70 Zi. | Anifer Landstr. 58 | Tel. 06246/89 77 | Fax 89 77 49 | www. hotelfriesacher.com | €€*

Nur von außen zu sehen, dafür doppelt schön: Wasserschloss Anif

es nicht besichtigt werden. Der Schlosspark ist zweimal im Jahr teilweise öffentlich zugänglich: zu Fronleichnam für die Prozession und am 8. Dezember für das Turmblasen.

■ ESSEN & TRINKEN ■

SCHLOSSWIRT ZU ANIF
Elegantes Ambiente, ambitionierte klassische österreichische Küche. Heimelige Terrasse. *So abends geschl. außer in der Festspielzeit | Salzachtalbundesstr. 7 | Tel. 06246/721 75 | €€€*

■ FREIZEIT & SPORT ■

Das *Waldbad Anif (www.waldbad anif.at)* ist beides: Bergsee und Freibad. Das eher kühle Wasser ist sehr sauber. Vom Ortszentrum erreichen Sie das Bad in 30 Minuten zu Fuß durch die Anifer Au. Im Waldbad gibt es auch einen *Kletterpark (April Sa/So 10–17 Uhr, Mai/Juni und Sept./Okt. Mi–Fr 13–18, Sa/So 10 bis 18 Uhr, Juli/Aug. tgl. 10–18 Uhr | www.kletterparkwaldbadanif.at)* für die ganze Familie.

■ AUSKUNFT ■

TOURISMUSBÜRO

Anifer Str. 10 | Tel. 06246/723 65 | Fax 723 65 50 | www.anif.info

■ ZIELE IN DER UMGEBUNG ■

FREILICHTMUSEUM GROSSGMAIN ★ [117 D4]

12 km südwestlich von Anif sind auf einer Fläche von 0,5 km^2 etwa 60 Bauern- und Handwerkerhäuser, Höfe und Mühlen aufgestellt, die aus der Zeit vom 16. bis zum 20. Jh. stammen. *Hasenweg | April–Juni und Sept./Okt. Di–So 9–18 Uhr, Juli/Aug. tgl. 9–18 Uhr, 26. Dez.–6. Jan. tgl. 10–16 Uhr | Eintritt 8,50 Euro | Führungen nach Anmeldung 0662/85 00 11 | www.freilichtmuseum.com*

UNTERSBERG [117 D4]

Der 1853 m hohe, sagenumwobene Berg ist ein Ausläufer der Berchtesgadener Alpen, die höchste Erhebung des Flachgaus und der Hausberg der Stadt-Salzburger zum Wandern, Bergsteigen, Klettern und Paragliden und im Winter auch zum Skifahren. Die Seilbahn führt von Grödig St. Leonhard hinauf zur Bergstation Geiereck auf 1776 m Höhe. *Seilbahn jeweils zur vollen und halben Stunde Dez.–Feb. 9–16 Uhr, März–Juni 8.30 bis 17 Uhr, Juli–Sept. 8.30–17.30 Uhr, Okt. 9–17 Uhr | Berg- und Talfahrt 20 Euro | Tel. 06246/72 47 70 | www.untersbergbahn.at*

FAISTENAU

[117 F3] ☼ **Die ausgedehnte Ortschaft (3000 Ew.) liegt auf einem Hochplateau mit beeindruckendem Bergpanorama.** Wo im Sommer Bergwiesen blühen, sind im Winter Loipen für die Skilangläufer gespurt.

■ ESSEN & TRINKEN ■

GASTHOF BOTENWIRT

Im regionaltypischen Haus wird bodenständige Küche serviert. *Fr geschl. | Hinterseestr. 51 | Tel. 06228/22 28 | €*

■ ÜBERNACHTEN ■

ALTE POST

Das mitten im Ort gelegene Hotel bietet persönliches Flair und ☼ Zimmer mit schöner Aussicht. Hallenbad, Sauna und Wellnessoase. *40 Zi. (auch 3- und 4-Bett-Zi.) und 5 Apartments | Lindenplatz 5 | Tel. 06228/220 50 | Fax 22 05 28 | www.altepost-faistenau.at | €€*

MARCO POLO HIGHLIGHTS

★ **Trumer Seenland**
Zum Träumen schön ist die Landschaft zwischen Obertrum, Seeham und Mattsee (Seite 42)

★ **Freilichtmuseum Großgmain**
Alte Häuser und Mühlen aus allen Teilen des Salzburger Landes (Seite 45)

★ **Strubklamm**
Für Sportlich-Mutige geht hier beim Canyoning richtig die Post ab (Seite 46)

★ **Benediktinerabtei Michaelbeuern**
Schönster Barock in Kirche und Kloster und eine bedeutende Bibliothek (Seite 50)

HINTERBAUER

🌿 Bio-Bauernhof mit Panoramablick, in sonniger Einzellage. Ausritte und Kutschfahrten. *4 Zi. | Lidaunstr. 53 | Tel./Fax 06228/26 75 | www. tiscover.at/hinterbauerngut | €*

■ FREIZEIT & SPORT
STRUBKLAMM ⭐ ▶▶

Die drei- bis vierstündige Canyoning-Tour (nur mit Führer) ist eine Herausforderung. *Treffpunkt: Gasthof Seewirt Lidaun 24 | Tel. 06228/26 53*

■ AUSKUNFT
TOURISMUSVERBAND

Am Lindenplatz 1 | Tel. 06228/23 14 | Fax 231 44 | www.faistenau.at

■ ZIEL IN DER UMGEBUNG

🌿 Am Talschluss, südöstlich von Faistenau, liegt nach 3 km malerisch der *Hintersee* nach weiteren 5,5 km erreichen Sie den gleichnamigen Ort mit 450 Einwohnern, dem kleinsten im Alpenvorland [117 F4]. Von hier aus bietet sich ein beeindruckendes Panorama der Osterhorngruppe. *Gasthof: Fischerwirt | Mi geschl. | Hinterseestr. 101 | Tel. 06228/23 32 | €*

Insider Tipp

FUSCHL

[117 F3] **Der quirlige und familienfreundliche Badeort mit 1800 Einwohnern liegt am Ostufer des fast unbebauten, von sanften Hügeln und Bergen umrahmten Fuschlsees, am Eingang zum Salzkammergut.** Schloss Fuschl, 1461 errichtet, diente in früheren Zeiten den Fürsterzbischöfen als Jagdsitz. In den 1950er-Jahren war es Drehort der „Sissi"-Filme. Heute beherbergt das Schloss ein ▶▶ 🔊 Fünfsternehotel

(*www.schlossfuschl.at*) mit großem Wellnessangebot und Golfplatz.

■ SEHENSWERTES
RUMING-MÜHLE

Die Mühle von 1872 kann besichtigt werden. *Mai–Sept. Fr 15 Uhr, Juni bis Sept. Brotbacken Di 13 Uhr (mit Jause)*

■ ESSEN & TRINKEN
BRUNNWIRT

Kleines Haubenrestaurant in Seelage mit hübschem Garten. Ab 18 Uhr. *So geschl. außer in der Festspielzeit | Wolfgangseestr. 11 | Tel. 0664/ 280 71 92 | www.brunnwirt.at | €€€*

RESTAURANT IMPERIAL 🌿

Das modern eingerichtete Restaurant mit drei Hauben befindet sich im

>LOW BUDGET

> Im familienfreundlichen *Strandbad Seeham* ist Badespaß für die ganze Familie angesagt. 40 m lange Wasserrutsche! *Familientageskarte (2 Erwachsene, 1 Kind) 7,80 Euro, jedes weitere Kind 1,60 Euro | www. wasserparadies.at*

> Gerhard Langmaier betreibt die *Schlossfischerei* am Fuschlsee. Was er nicht ins Haubenrestaurant liefert, wird geräuchert. Man kann bei ihm günstig kaufen oder eine Portion essen, und vor allem muss man ihm zuhören, wenn er erzählt, warum der Saibling aus dem Fuschlsee so besonders gut schmeckt. Eine ganze Forelle bekommen Sie hier für nur 4,50 bis 8 Euro. *Mo–Fr 8–18, Sa 8–12 Uhr | Schlossstr. 19 | Tel. 06229/ 22 53 15 33*

Schloss Fuschl mit Blick auf den See. *So und Mo geschl. | Schlossstr. 19 | Hof bei Salzburg | Tel. 06229/ 22 53 15 31 | €€€*

RESTAURANT IM HOTEL SEEROSE

Charmantes Haus mit  Terrasse direkt am See und guter mediterraner Küche. *Okt.–Juni Mo und Di geschl. | Dorfstr. 20 | Tel. 06226/82 16 | € –€€*

■ ÜBERNACHTEN ■

BAMBICHLHOF

Sonnige Einzellage, Wanderwege und Loipe vorm Haus. Mitarbeit auf dem Hof möglich. *4 Zi. und 1 Apartment | Bambichlweg 1 | Tel./Fax 06226/ 85 64 | www.bambichlhof.com | €*

Insider Tipp

EBNERS WALDHOF 🔊

Ein Haus zum Entspannen mit Spa- und Wellnessangebot. Tolle Lage direkt am See. *130 Zi. und Suiten | Seestr. 30 | Tel. 06226/82 64 | Fax 86 44 | www.ebners-waldhof.at | €€€*

■ FREIZEIT & SPORT ■

Das glasklare Wasser des Fuschlsees eignet sich für Badespaß jeder Art. Sie können auch Ruderboote mieten oder den See zu Fuß umrunden. *Sommerrodelbahn: Mai–Okt. ab 10 Uhr | Benutzung 4,30 Euro, Besichtigung frei | Tel. 06226/84 52*

■ AUSKUNFT ■

FUSCHLSEE TOURISMUS GMBH

Dorfplatz 1 | Tel. 06226/838 40 | Fax 83 84 33 | www.fuschlseeregion.com

■ ZIELE IN DER UMGEBUNG ■

BURG WARTENFELS  [117 F3]

1259 wurde in 1020 m Höhe auf einem nur 15 mal 15 m großen Felsen

Strandbadspaß am Fuschlsee

eine Burg gebaut, deren Überreste in den 1980er-Jahren etwas unglücklich renoviert wurden. Dafür ist der Ausblick auf Fuschl- und Mondsee spektakulär. Beliebter Zwischenstopp auf dem Weg zum *Schober* (1300 m). Brotzeit in gemütlicher Atmosphäre: *Forsthaus Wartenfels (Mo geschl. | Vordereggstr. 30–32 | Thalgau | Tel. 06235/636 40 | €).* Vom Ortskern Fuschl ca. 2,5 km bis zum Parkplatz, von dort weiter zu Fuß

HENNDORF AM WALLERSEE

[117 E2] Der Ort mit viel Tradition und 5000 Einwohnern liegt an der B 1 und an einem der wärmsten Badeseen des

Landes. Henndorf war über Jahrhunderte hinweg eine wichtige Raststation auf dem Weg von Salzburg nach Wien. Zeuge dafür ist das *Caspar Moser Bräu* von 1699, einer der ältesten Gasthöfe Österreichs.

■ SEHENSWERTES ■
GUT AIDERBICHL
Das Gut bietet kranken oder misshandelten Tieren eine Zufluchtsstätte. Hier können sich viele Tiere frei bewegen. Auch für Kinder geeignet. Tipp: der Weihnachtsmarkt. *Tgl. 9 bis 18 Uhr | Eintritt 9 Euro | Berg 20 | www.gut-aiderbichl.com*

■ ESSEN & TRINKEN ■
CASPAR MOSER BRÄU
Gutbürgerliche Küche, „Carl-Zuckmayer-Jause" mit Speck, Schweinernem, doppeltem Obstler, Mondseer Käse und Bier. *Di geschl. | Hauptstr. 61 | Tel. 06214/82 28 | €*

■ ÜBERNACHTEN ■
GERSBACHWIRT
Liebevoll geführtes, familiäres Landgasthaus inmitten saftig grüner Wiesen. *12 Zi. | Wiener Str. 51 | Tel. 06214/83 72 | Fax 201 73 | www.gersbachwirt.at | €*

LANDHAUS BRIEGER
Insider Tipp
„Sich wie zu Hause fühlen" ist das Motto der Pension. Fast alle Zimmer haben Terrasse oder Balkon. *17 Zi. | Wiener Str. 60–62 | Tel. 06214/83 73 | Fax 652 94 | www.brieger.at | €–€€*

■ FREIZEIT & SPORT ■
GOLFCLUB GUT ALTENTANN
Der 18-Loch-Platz wurde als erste Anlage von Golflegende Jack Nicklaus auf dem Kontinent angelegt. *Tel. 06214/602 60 | Fax 61 05 81 | www.gutaltentann.com*

■ AUSKUNFT ■
TOURISMUSVERBAND
Hauptstr. 65 | Tel. 06214/60 11 | Fax 82 04 34 | www.salzburger-seenland.at

■ ZIELE IN DER UMGEBUNG ■
Wer für Barockes schwärmt, kommt an der Wehranlage für die Pfarrkirche im 7 km nordöstlich von Henndorf gelegenen *Neumarkt am Wallersee* [117 F2] nicht vorbei, ebenso wenig an *Köstendorf* (9 km nördlich) [117 E1], wo ein prächtiger Hochaltar der Bildhauer-Brüder Hagenauer steht. Wie schon für Michaelbeuern schuf Meinrad Guggenbichler 1675 auch für *Straßwalchen* [117 F1], das 11 km nordöstlich von Henndorf liegt, einen Hochaltar.

MATTSEE

[117 E1] Der Ort (3000 Ew.) besticht durch seine Lage, eingebettet zwischen Mattsee und Obertrumer See und umrahmt von freundlichen Hügeln, sowie durch die Gestaltung des Marktplatzes. Mattsee ist eine Sommerfrische mit großer kulturhistorischer Bedeutung und ein Paradies für Wassersportler.

■ SEHENSWERTES ■
KOLLEGIATSTIFT
Um 770 von Herzog Tassilo III. als Benediktinerkloster gegründet, ist das Kollegiatstift das älteste noch bestehende Weltpriesterstift Österreichs. Im 9. Jh. war es Reichsabtei mit eigener Schreibschule, Missions- und Kolonisationstätigkeit in Ungarn.

Mitte des 11. Jhs. wurde das Kloster in ein weltliches Stift umgewandelt. Die dreischiffige Pfeilerbasilika mit romanischem Langhaus, gotischem Chor und barocker Innenausstattung wird vom weithin sichtbaren Barockturm „Goliath des Mattiggaus" überragt. In den Kapitelsälen des Stifts und im Neuen Schloss findet der Schloss Mattsee" *(www.schloss-matt see.at)* als Veranstaltungsort errichtet. Von hier aus genießen Sie einen wunderbaren Rundumblick. Das *Schlosscafé Mattsee* *(Sept.–Juni Mi geschl., Juli/Aug. tgl. | Schlossberg 1 | Tel. 06217/592 22 | www.schloss-cafe.at)* bietet zudem eine herrliche Terrasse mit Seeblick sowie eine sehr

Insider Tipp

Sommerfrische zwischen zwei Seen: Mattsee mit dem Kollegiatstift

Mattseer Diabelli-Sommer mit der Konzertreihe „Töne & Texte" statt. Anton Diabelli, 1781 in Mattsee geboren, wurde bekannt durch Beethovens 33 Variationen über einen von ihm komponierten Walzer.

SCHLOSSBERG

Die ursprüngliche Anlage aus dem 12. Jh. verfiel im 18. Jh. Auf den Gebäuderesten wurde das „Neue

umfangreiche und ausgefallene Frühstückskarte.

STIFTSMUSEUM

Das anlässlich des 1200-jährigen Bestehens in der Propstei eingerichtete Museum zeigt Geräte, Gemälde und Handschriften. Es beherbergt außerdem eine umfangreiche Bibliothek, in der sich unter anderem eine Urkunde aus dem Jahr 860 befindet. Einige

Räume sind Anton Diabelli und dem Arzt Burghard Breitner – 1884 in Mattsee geboren und als „Engel von Sibirien" bekannt geworden – gewidmet. *Juni–Aug. Sa 17–19 Uhr | Eintritt 4 Euro | Seestr. 2 | Führungen Tel. 06217/52 02 | www.stiftmattsee.at*

■ ESSEN & TRINKEN

DAS LEOBACHER

Im alten Gemäuer des legendären Kapitelwirts sind Restaurant, Vinothek und *Leos Gasthaus* für das jüngere Publikum untergebracht. Die Küche ist im Restaurant *(So–Mi und mittags geschl. | €€€)* mediterran angehaucht, im Gasthaus *(So abends geschl. | €)* eher bodenständig. *Marktplatz 7 | Tel. 06217/52 03 | www.das leobacher.at*

SCHLOSSWIRT SEEBURG

Restaurant in elegantem Schlossambiente mit hübschem Garten, im 6 km entfernten Seekirchen. *Mo und Di geschl. | Seeburgstr. 8 | Tel. 06212/397 12 | €€*

■ ÜBERNACHTEN

IGLHAUSER 🔊

Idyllisch am See gelegenes Haus mit Tradition, ländlich-elegant. Die Zimmer und Suiten sind mit Liebe zum Detail eingerichtet. *39 Zi. | Schlossbergweg 4 | Tel. 06217/52 05 | Fax 52 05 33 | www.schlosshotel-igl.at | €€€*

MOORBAD

Bürgerlicher Gasthof mit eigenem Badestrand und ruhigem Gästegarten. *18 Zi. | Moorbad 1 | Tel. 06217/52 38 | Fax 523 85 | www.gasthof-moorbad.at | €–€€*

■ FREIZEIT & SPORT

Mattsee verfügt über diverse Radwanderwege und ein renoviertes Strandbad sowie eine ▶▶ Segelschule. Wer einfach nur entspannen will, kann aber auch eine Schiffsrundfahrt mit der „Seenland" unternehmen – Anlegestellen sind sowohl am Mattsee als auch am Obertrumer See vorhanden.

■ AUSKUNFT

TOURISMUSVERBAND MATTSEE

Passauer Str. 3 | Tel. 06217/60 80 | Fax 74 21 | www.mattsee.co.at

■ ZIELE IN DER UMGEBUNG

BENEDIKTINERABTEI

MICHAELBEUERN ★   [117 D1]

Die Abtei, 11,5 km nordwestlich von Mattsee gelegen, wurde im 8. Jh. gegründet. Die ältesten erhaltenen Teile des Klosters stammen aus der Zeit der Romanik. Glanzstück der nach 1945 reromanisierten Stiftskirche ist der barocke *Hochaltar* von Meinrad Guggenbichler (1649–1723) mit dem Altarbild von Johann Michael Rottmayr (1654–1730), der ebenso wie der Komponist Anton Diabelli und der Pädagoge Franz Michael Vierthaler (1758–1827) zu den bekannten Absolventen der Klosterschule zählte.

Herzstücke der Klosterführung sind die barocke *Bibliothek* mit einem Bestand von über 20 000 Bänden, der *Abteisaal* mit einem Deckenfresko von Franz Nikolaus Streicher, einem begehrten Porträtisten der Mozartzeit, und der *Kreuzgang.* Außerdem werden wechselnde Ausstellungen gezeigt, die mit Kostbarkeiten aus der Klostersammlung bestückt sind.

Führungen von Ostermontag bis Okt. So 14–16 Uhr und für Gruppen nach Vereinbarung | Eintritt 4 Euro | Tel. 06274/81 16 | www.abtei-michaelbeuern.at

öffnet die Türen zur dörflichen Lebenswelt. In der *Schneiderei Wimmer (Mo–Fr 8–12 und 13–18, Sa 8–12 Uhr)* wird man in die Herstellung von maßgefertigten Trachten und Leder-

Barocke Gelehrsamkeit: Bibliothek der Benediktinerabtei Michaelbeuern

OBERTRUM [117 E2]

Am Südufer des Obertrumer Sees, 5 km südlich von Mattsee gelegener Markt (4500 Ew.), der nach einem Brand 1917 weitgehend wieder aufgebaut wurde. Die *Trumer Privatbrauerei (Tel. 06219/741 10 | www.trumer.at)* bietet „Creativ-Brauerei", Bierkabarett und Führungen. Der *Braugasthof Sigl (Do geschl. | Dorfplatz 1 | Tel. 06219/77 00 | €)* verfügt über einen schönen, schattigen Garten. Für Wasserratten gibt es ein gemütliches Strandbad und eine Segelschule.

Insider Tipp ### SCHLEEDORF [117 E1]

Das 5 km östlich von Mattsee gelegene „Schaudorf Schleedorf" (1000 Ew.)

hosen eingeführt und kann sich die fertigen Stücke auf 60 eingekleideten Tonpuppen im Puppenfenster anschauen. *www.schaudorf.at*

SEEHAM [117 E1]

Am Westufer des Obertrumer Sees liegt knapp 4 km von Mattsee entfernt dieser quirlige, sehr sympathische kleine Badeort (1800 Ew.) mit Schwerpunkt Familienurlaub. Im Juli und August gibt es abends Aufführungen auf der Seebühne. Empfehlenswert ist der *Gasthof Altwirt (Tgl. | Dorf 1 | Tel. 06217/55 22 | €)*. Auskunft: *Tourismusverband | Dorf 5 | Tel. 06217/54 93 | Fax 64 82 | www.seehaminfo.at*

> DER INBEGRIFF VON SOMMERFRISCHE

Segeln und surfen, Wasserski fahren und wandern in
wunderschöner Seen- und Berglandschaft

> **Das Salzkammergut, Österreichs „zehntes Bundesland", ist etwas Besonderes: Mit Seen wie dem Atter- und Traunsee, dem Hallstätter und Altausseer See oder dem Wolfgangsee vereint es in sich die schönsten Seenlandschaften Oberösterreichs, Salzburgs und der Steiermark.**
Das Paradies für Surfer, Segler, Paraglider und sonstige Wassersportfans wird zudem von einer beeindruckenden Bergkulisse umrahmt. Im Salzkammergut wird viel Wert auf

Tradition gelegt, und das Selbstverständnis der Bewohner speist sich aus dem Bewusstsein, einmal ein eigener Staat im Staat gewesen zu sein, ein Salzstaat. Daher rührt auch der Name. Der Sitz für die Verwaltung dieser von den Habsburgern bereits im 14. Jh. gegründeten Kammergüter waren die Kammerhöfe, repräsentative Gebäude, die noch heute in Bad Aussee und in Gmunden zu besichtigen sind. In der zweiten Hälfte des

> *www.marcopolo.de/salzburg*

SALZ KAMMER GUT

19. Jhs., als Adelige, Großbürger und Künstler die Sommerfrische für sich entdeckten, war das Salzkammergut eines der begehrten Ziele.

Geadelt wurde die Gegend schließlich durch den Sommersitz von Kaiser Franz Joseph. Ein kräftiger touristischer Aufschwung kam, als die Heilkraft der Sole entdeckt wurde und neben der Sommerfrische auch das Kuren in Bad Aussee oder Bad Ischl en vogue geworden war.

BAD ISCHL

[118 C4] In der lebendigen Kur- und Operettenstadt (14 100 Ew.) begegnen die Besucher – nicht nur im Kaiserpark, der die Kaiservilla umgibt – auf Schritt und Tritt der k. u. k. Monarchie. Franz Lehár machte Ischl zu einem Mekka der Operette. In seiner an der Traun gelegenen Villa ist eine Gedenkstätte mit unzähligen Erinnerungsstücken eingerichtet. Die 1961 gegründeten

BAD ISCHL

Operettenfestspiele wurden erfolgreich modernisiert *(Lehár Festival Bad Ischl | Kongress- & Theaterhaus Bad Ischl | Kurhausstr. 8 | Tel. 06132/238 39 | www.leharfestival.at)*.

▪ SEHENSWERTES

KAISERVILLA ⭐

Die schlossartig ausgebaute Biedermeiervilla war das Hochzeitsgeschenk der Kaisermutter Sophie an Franz Joseph und Sisi. Es ist auch der Schreibtisch zu sehen, an dem Franz Joseph im Sommer 1914 die Kriegserklärung an Serbien unterschrieb. Dass der Monarch ein begeisterter Jäger war, zeigen die unzähligen Jagdtrophäen. *Jan.–März Mi 10–16 Uhr, April und Okt. tgl. 10–16 Uhr, Mai–Sept. 9.30–17 Uhr, Advents-*

Aufwartung für Sisi: Kaiservilla in Bad Ischl

wochenenden 10–16 Uhr | Eintritt 11,50 Euro | www.kaiservilla.at

LEHÁRVILLA

Wo der Operettenkomponist Franz Lehár viele Jahre wohnte, werden heute persönliche Erinnerungsstücke und Dokumente einer großen Operettenära gezeigt. *Juli/Aug. Mi–Mo 10 bis 17 Uhr, Mai, Juni, Sept. Mi–So 10 bis 17 Uhr | Eintritt 5 Euro | Lehárkai 8*

MUSEUM DER STADT

Im ehemaligen Erbhaus der Salzfamilie Seeauer fand 1853 die Verlobung von Kaiser Franz Joseph I. mit Elisabeth in Bayern – so Sisis offizieller Name – statt. Seit 1989 wird hier Bad Ischls Entwicklung von der Salz- zur Kurstadt gezeigt. *Jan–März Fr bis So 10–17, April–Juni und Sept. bis Dez. Mi 14–19, Fr 13–17, Sa/So 10–17 Uhr, Juli/Aug. Mi 14–19, Fr 13–17, Do/Sa/So 10–17 Uhr | Eintritt 4,70 Euro | Esplanade 10 | www.stadtmuseum.at*

▪ ESSEN & TRINKEN

KONDITOREI ZAUNER ·Insider Tipp·

Weit über die Stadtgrenzen hinaus bekannt ist das Traditionscafé (seit 1832) mit seinen berühmten Zaunerkipferln, einem Gebäck aus Plunderteig. *Tgl. | Pfarrgasse 7 | Tel. 06132/233 10 20 | www.zauner.at*

VILLA SCHRATT

Kreative Gourmetküche in historischer Villa mit sensationellen Desserts altösterreichischer Prägung und sehr zuvorkommender Bedienung. Hier frühstückte schon der Kaiser. *Mi geschl. | Steinbruch 43 | Tel. 06132/276 47 | www.villaschratt.at | €€€*

Das Nachtleben in Bad Ischl versprüht den Charme der vergangenen Monarchie

■ ÜBERNACHTEN

GOLDENES SCHIFF

Das am Traunufer gelegene Hotel ist modern ausgestattet und verfügt über einen Wellnessbereich mit Sauna, Dampfbad und Wintergarten. *55 Zi. und 2 Apartments | Stifter-Kai 3 | Tel. 06132/24 24 10 | Fax 242 41 58 | www.goldenes-schiff.at | €€*

THERMENHOTEL

Gekonnter Mix aus stilvollem Ambiente und praktischem Komfort. Das Haus ist mit der Kaiser-Therme verbunden, die mit einem großzügigen Spa- und Wellnessangebot überzeugt. *142 Zi. | Voglhuberstr. 10 | Tel. 06132/ 20 40 | Fax 204 27 77 | www.thermen hotel-badischl.at | €€€*

VILLA DACHSTEIN

Private Atmosphäre, Turmzimmer mit Erker, Sonnenterrasse. Zentrale Lage. *8 Zi. | Rettenbachweg 3 | Tel. 06132/231 51 | Fax 23 15 11 13 | www.villadachstein.at | €*

■ AM ABEND

Selbst die Ischler Nachtszene hat etwas vom ehemaligen k.u.k. Charme. Nach wie vor beliebt ist das *Stehbeisl (tgl. bis 2 Uhr)*, im *K & K Hofbeisl* und im *Augustin Huber* geht's gemütlich her.

MARCO POLO HIGHLIGHTS

⭐ **Kaiservilla**
In Bad Ischl verbrachte Kaiser Franz Joseph 60 Jahre lang den Sommer (Seite 54)

⭐ **Kammerhof**
Der gotische Bau in Bad Aussee zeugt mit seinen Prunkräumen von der einstigen Macht des Salzes (Seite 56)

⭐ **Hallstatt**
Welterbe der Kultur im Zeichen des Salzes, Ort mit jahrtausendealter Geschichte (Seite 59)

⭐ **Pacher-Altar**
In St. Wolfgang befindet sich einer der bedeutendsten gotischen Flügelaltäre Mitteleuropas (Seite 64)

BAD ISCHL

■ FREIZEIT & SPORT ■

Über einen schattigen Waldweg gelangen Sie in einer halben Stunde zur Aussichtswarte auf dem ☀ *Siriuskogel*, um einen tollen Blick über die Stadt zu genießen. Wer höher hinaus und wandern will, fährt mit der Gondelbahn auf die ☀ *Katrin* (1500 m), den Hausberg der Ischler *(www.katrinseilbahn.com)*.

■ AUSKUNFT ■

KURDIREKTION BAD ISCHL
Auböckplatz 5 | Tel. 06132/277 57 | Fax 277 57 77 | www.badischl.com

■ ZIELE IN DER UMGEBUNG ■

ALTAUSSEE   [119 D5]
Der alte Salzort (1900 Ew.) am gleichnamigen See liegt 18 km südöstlich von Bad Ischl und zählt neben Bad Aussee zu den wichtigsten touristischen Zentren des steirischen Salzkammerguts. Das seit dem 8. Jh. bestehende *Salzbergwerk (ganzjährige Führungen | Eintritt 15 Euro | Tel. 06132/200 24 00 | www.salzwelten.at)* können Sie auf einer zweistündigen Tour mit festem Schuhwerk und warmer Kleidung entdecken – durch Stollen und über Rutschen am unterirdischen Salzsee und an der Barbarakapelle mit dem Altar aus roten Steinsalzblöcken vorbei. Übernachtung: ☀ *Hotel am See (17 Zi. | Fischerndorf 2 | Tel. 03622/713 61 | Fax 713 61 13 | www.hotelamsee.at | €€€)*. Der Seeblick von der Terrasse bleibt lange in Erinnerung.

BAD AUSSEE   [119 D5]
Die 26 km südöstlich von Bad Ischl gelegene Stadt (5100 Ew.) ist seit 1868 Kurort, und das Soleheilbad

wird nach wie vor viel besucht. In Bad Aussee wird gern Tracht getragen, und auch sonst ist man traditionsbewusst. Dass hier aber auch der geografische Mittelpunkt Österreichs ist, macht die Bad Ausseer besonders stolz. Im gotischen ★ *Kammerhof (Chlumeckyplatz 1 | April–Mai und Okt. Di, Sa 16–18, Fr, So 10–12 Uhr; Juni–Sept. tgl. 10–12 und 15–18 Uhr; Juli/Aug. Führungen Do 10 Uhr | Eintritt 4 Euro)*, dem einstigen Sitz der Salzverwaltung, ist ein Heimatmuseum untergebracht. Besonders sehenswert ist der mit gotischen Fresken verzierte Kaisersaal.

In der *Schauschmiede* am Meranplatz darf man im Sommer (Fr 9–16 Uhr) beim Beschlagen der Pferde zuschauen. Beim *Staud'nwirt (tgl. | Grundlseerstr. 21 | Tel. 03622/545 65 | €)*, einem familienfreundlichen Landgasthof, können Sie preisgünstig essen. Das traditionsreiche Hotel *Wasnerin (88 Zi. | Sommersbergseestr. 19 | Tel. 03622/521 08 | Fax 52 10 84 00 | www.lindner.de | €€€)* verfügt über einen großen Spabereich und ein Gesundheitszentrum.

GRUNDLSEE   [119 E5]
Die Südwestspitze des bei Tauchern wegen seiner großen Sichtweiten beliebten Sees liegt 31 km südöstlich von Bad Ischl. Es ist eine spezielle Tauchgenehmigung erforderlich. Eine Drei-Seen-Wanderung schließt den *Toplitzsee* und den vom Toten Gebirge beherrschten *Kammersee* mit ein. Das *Seehotel Grundlsee (17 Zi. | Mosern 22 | Tel. 03622/860 44 | Fax 86 04 44 | www.seehotelgrundlsee.at | €€€)* besticht durch Lage und Architektur; Spa-Pavillon direkt am See.

GMUNDEN

[119 D2] **Die quirlige Stadt am Nordufer des Traunsees, seit 1862 Kurstadt, ist mit 13 200 Einwohnern die unbestrittene „Hauptstadt" am See.** Wenn an einem Vormittag die „Gisela", der älteste Schaufelraddampfer der Welt, von der Esplanade – einem der schönsten

■ **SEHENSWERTES** ■

KLO & SO MUSEUM FÜR HISTORICHE SANITÄROBJEKTE

Geschichte der Hygiene und über 300 sanitärkeramische Objekte, darunter auch ein Bidet Kaiserin Elisabeths. *Juni–Aug. Di–So 10–17 Uhr, Sept. bis Mai Mi–So 10–17 Uhr | Eintritt 6 Euro | Kammerhofgasse 8 | K-Hof*

Beim Fasching steht die Welt kopf: Trommelweiber in Bad Aussee

Uferabschnitte des Traunsees – ablegt und die Blautöne von See und Himmel ineinander übergehen, ist Sommerfrische von ihrer schönsten Seite zu erleben. Im Stadtzentrum steht der *Kammerhof*, der einst Sitz des landesfürstlichen Salzamts war. Eine 130 m lange Holzbrücke verbindet das *Seeschloss Orth* (bekannt aus der Fernsehserie „Schlosshotel Orth") mit dem Landschloss, in dem eine Forstschule untergebracht ist.

■ **ESSEN & TRINKEN** ■

GRELLINGER ▶▶

Insider Tipp

Älteste Konditorei Gmundens, mit illustrem Gästebuch. Hier wird Gmundner Torte serviert. *Sept.–Juni Mi geschl. | Franz-Joseph-Platz 6 | Tel. 07612/641 53*

MARIENBRÜCKE

Solides Hotelrestaurant mit frisch zubereiteten Fischen aus Traun und Traunsee. *Tgl. | An der Marienbrücke*

GMUNDEN

Die „Hauptstadt" des Traunsees: Gmunden

5 | Tel. 07612/640 11 | *www.marien bruecke.at* | €€

■ EINKAUFEN ■

GMUNDNER KERAMIKMANUFAKTUR
Wo seit 350 Jahren Keramik hergestellt wird, hat diese Manufaktur vor
100 Jahren ihren Betrieb aufgenom-
men. In den Werkstätten ist zu sehen,
wie die Dekore aufgetragen werden.
Günstige Ware im „Shop der zweiten
Wahl". *Führungen Mo–Do 9.15–11,
12.15–14, Fr 9.15 bis 11 Uhr | Eintritt
5 Euro | Tel. 07612/78 60 | www.
gmundner-keramik.at*

■ ÜBERNACHTEN ■

SEEGASTHOF HOIS'N WIRT
Familienbetrieb mit Badeplatz und
eigener Anlegestelle für Surfer und

Segler. *15 Zi. | Traunsteinstr. 277 |
Tel. 07612/773 33 | Fax 773 33 95 |
www.hoisnwirt.at* | €€

■ AUSKUNFT ■

TOURISMUSBÜRO GMUNDEN
*Toscanapark 1 | Tel. 07612/643 05 |
Fax 714 10 | www.traunsee.at*

■ ZIELE IN DER UMGEBUNG ■

ALTMÜNSTER [119 D2]
Der älteste Ort am Traunsee (9600
Ew.) liegt 4 km südwestlich von
Gmunden. Funde belegen, dass hier
bereits die Römer siedelten. Für Fans
des Wildwassersports werden geführte Rafting- und Canyoningtouren angeboten. Der in 850 m Höhe gelegene, sympathisch geführte Gasthof
❀ *Windlegern (Di geschl. | Koll-
mannsberg 122 | Neukirchen | Tel.
07617/28 44 | €)* tischt solide Haus-
mannskost mit Produkten aus der
eigenen Landwirtschaft auf. Die Sicht
auf den Traunstein ist überwältigend.

EBENSEE [119 D3]
Hier am Südufer, 16 km von Gmunden, wird das mit einer Soleleitung
von Hallstatt herantransportierte Salz
verarbeitet. Der Ort ist Ausgangspunkt für Wanderungen um die beiden Langbathseen (7 km von Ebensee), in denen auch getaucht werden
kann. Die guten Windverhältnisse auf
dem 1594 m hohen ❀ *Feuerkogel*
ziehen scharenweise Drachenflieger
und Paraglider an.

TRAUNKIRCHEN [119 D2]
Der Ort (1700 Ew.) 11 km südlich
von Gmunden liegt reizvoll auf einer
in den See gestreckten Halbinsel. Die
Kirche *Mariä Krönung* aus der Mitte

des 17. Jhs. wurde wegen der in Form eines Fischerbootes gestalteten, reich verzierten *Fischerkanzel* zu einem Pilgerziel für Liebhaber des Barock. Anziehungspunkt für Wassersportler ist der große Naturbadestrand. Im Ort gibt es eine Segel- und Tauchschule. Übernachtung: *Seehotel Traunsee | 38 Zi. | Klosterplatz 4 | Tel. 07617/22 16 | Fax 34 96 | www.das traunsee.at | €€*

HALLSTATT

[118 C5] ⭐ **Auf dem schmalen Uferstreifen zwischen See und den Ausläufern des Plassen (1953 m) siedelten sich bereits vor 4000 Jahren Menschen an, um nach Bodenschätzen zu suchen.** Jahrhunderte später wurde Hallstatt (900 Ew.) zum Zentrum einer von den Illyrern getragenen Hochkultur. Heute sind es die alten Fischerhäuser am Ufer, die dem Ort seinen unverwechselbaren Charakter geben. Wenn der Himmel blau ist und die Sonne lacht, strahlt der Ort etwas Heiteres aus, das Düstere der anderen Tage muss man mögen. Von großer historischer Bedeutung war die Entdeckung des Gräberfeldes mit 3000 Gräbern und teils wertvollen Grabbeigaben. Der Salzberg ist der weltweit älteste heute noch bewirtschaftete Bergbaubetrieb. Hallstatt zählt seit 1997 samt seiner Umgebung zum Unesco-Welterbe.

■ SEHENSWERTES ■

MUSEUM KULTURERBE HALLSTATT

Das Museum zeigt die faszinierende Entwicklung von der Frühzeit des Salzbergbaus über die Epochen der Kelten und Römer bis zur Freilegung des Gräberfeldes anhand von Werkzeugen und Grabbeigaben. *Mai bis Sept. tgl. 10–18 Uhr, April und Okt. tgl. 10–16 Uhr, Nov.–März Mi–So 11–15 Uhr | Eintritt 7,50 Euro | www.museum-hallstatt.at*

PFARRKIRCHE

Im Karner (Beinhaus) werden 1800 Totenschädel aufbewahrt. Die meisten von ihnen sind dekoriert und mit Namen und Jahreszahl versehen. Da auch auf dem Friedhof Platzmangel herrschte, kamen bei Umbettungen die Schädel in den Karner.

SALZWELTEN HALLSTATT

1734 wurde der berühmt gewordene Mann im Salz gefunden. Sein Leben steht im Mittelpunkt der „Salzwelten"-Ausstellung. Nebenbei geht es über die längste Bergmannsrutsche

>LOW BUDGET

> *Eintritt frei zum Offensee:* Im ehemaligen kaiserlichen Jagdgebiet am Fuß des Toten Gebirges liegt der von Wäldern gesäumte, knapp 0,5 km² große Bergsee. So exquisit wie die Lage ist auch die Wasserqualität. Im kleinen Strandbad am Ostufer gibt's Imbisse und Umkleidekabinen. *Anfahrt ab Bad Ischl: nach 9 km auf die Forststraße abbiegen, dann noch 5 km bis zum Parkplatz*

> *Mondi Holiday Grundlsee:* Apartmenthotel am See mit individuellen Angeboten, die man sich im Baukastensystem von sehr preiswert bis aufwendig auswählen kann. *Archkogel 31 | Tel. 03622/847 70 | Fax 84 77 44 | www.grundlsee.mondi holiday.at*

der Welt und an einem mystisch beleuchteten Salzsee vorbei. *Mai bis Mitte Sept. tgl. 9.30–16.30 Uhr, Mitte Sept.–Okt. tgl. 9.30–15 Uhr | Eintritt 24 Euro (inkl. Salzbergbahn) | www. salzwelten.at*

■ ESSEN & TRINKEN ■
BRÄUGASTHOF
Auf der großen Seeterrasse und in den heimeligen Stuben des 1472 erstmals erwähnten Gasthofes wird Gutbürgerliches serviert, je nach Saison auch regionale Schmankerln. *Tgl. | Seestr. 120/121 | Tel. 06134/82 21 | €*

■ ÜBERNACHTEN ■
GRÜNER BAUM
Gediegenes Haus direkt am See, mit freundlicher Atmosphäre. Nahezu alle Zimmer verfügen über ❄ Balkon oder große Terrasse (40 m²) mit

Insider Tipp

tollem Blick auf See und Gebirge. *23 Zi. | Marktplatz 104 | Tel. 06134/ 82 63 | Fax 82 63 44 | www.gruener baum.cc | €€*

HALLBERG
In der hübsch eingerichteten Pension am See liest die Dame des Hauses den Gästen die Wünsche von den Augen ab. Sonderangebote für Taucher. *6 Zi. | Seestr. 113 | Tel. 06134/87 09 | Fax 206 21 | www.pension-hallberg.at.tf | €–€€*

■ FREIZEIT & SPORT ■
TAUCHSCHULE GERHARD ZAUNER ▶▶
Hier geht der „Papst des alpinen Tauchens" mit Ihnen unter Wasser. Besonders hip ist das Flusstauchen am Traunfall. *Seestr. 113 | Tel. 06134/ 82 86 | Fax 828 65 | www.zauner-online.at*

Gefrorene Welt: Blick in die Dachstein-Eishöhle bei Hallstatt

■ AUSKUNFT ■

TOURISMUSVERBAND HALLSTATT
*Seestr. 169 | Kultur- und Kongress-
haus | Tel. 06134/82 08 | Fax 82 08 14
| www.dachstein-salzkammergut.at*

■ ZIEL IN DER UMGEBUNG ■

DACHSTEINHÖHLEN [119 D6]
Das Dachsteinmassiv prägt die Landschaft am Hallstätter See und fordert
Besucher geradezu heraus, es zu be-
zwingen. Das gelingt bequem mit der
Seilbahn oder, etwas anstrengender,
auf einer der vielen Aufstiegsrouten.

Wer die Faszination von Höhlen zu
schätzen weiß, wird von der *Mammuthöhle* und der *Eishöhle* begeistert
sein. Während die Mammuthöhle das
Reich der Höhlenforscher ist – von
den über 60 km langen Gängen ist
nur ein kleiner Teil für Touristen
zugänglich –, ist die Eishöhle mit
ihren Hallen und Domen ein Wunderwerk der Natur, das die Besucher
zum Staunen bringt. Die Gesamt-
länge der Eishöhle beträgt 2700 m,
die Weglänge ca. 800 m. Die Tem-
peratur liegt in der Tropfsteinhalle
bei 3 Grad, sonst um den Gefrier-
punkt. Für den Besuch der Hallen
sind jeweils eineinhalb Stunden zu
veranschlagen. Feste Schuhe und
warme Kleidung werden empfohlen.
Ausgangspunkt ist die Mittelstation
der Dachsteinbahn Obertraun (5 km
östlich von Hallstatt). *Mai–Okt. tgl. |
Eintritt jeweils 10,20 Euro (Seilbahn
nicht inbegriffen) | www.dachstein
welterbe.at*

MONDSEE

[118 A2] **Was über 1000 Jahre währte,
hinterlässt Spuren, selbst wenn es seit**
200 Jahren nicht mehr existiert. Die Rede
ist vom Stift Mondsee, das 748 vom
Bayernherzog Odilo gegründet und 1791
aufgelöst wurde. Teile des früheren
Klosters beherbergen heute das Hotel *Schloss Mondsee (www.schloss
mondsee.at)* mit einem traumhaften
Wellnessbereich in den alten Kloster-
mauern – inklusive Hallenbad mit
Gewölbe.

Heute zählt der Ort 3300 Einwohner, und der See ist wegen seiner
angenehmen Wassertemperaturen zum
Lieblingsgewässer vieler Salzkam-
mergut-Besucher geworden. In der
ersten Septemberwoche finden die
Mondsee-Tage statt, eine kleine, feine
Veranstaltungsreihe zu Musik und
Literatur.

■ SEHENSWERTES ■

**FREILICHTMUSEUM
MONDSEER RAUCHHAUS**
Das für die Gegend typische Gehöft
beherbergt Wohnhaus, Stall und Stadl
(Scheune) unter einem Dach. Der
Kamin fehlt ganz, denn der Rauch
zieht durch das Dach ab. Beim Bau
der Westautobahn 1959 wurde das
Haus abgetragen und nahe bei der
Stiftskirche wieder aufgebaut. *Mai bis
Aug. Di–So 10–18, Sept. 10–17 Uhr,
Okt. Sa und So 10–17 Uhr | Eintritt
3 Euro | Hilfberg 6 | www.museum
mondsee.at*

PFARRKIRCHE
Die ehemalige Stiftskirche und heutige Pfarrkirche zum hl. Michael
besticht gleichermaßen durch ihren
gotischen Innenraum und durch ihre
barocke Ausstattung, die Höhepunk-
te der Salzburger Barockplastik be-
inhaltet.

MONDSEE

■ ESSEN & TRINKEN ■■■■■

LACKNER
Seegasthof mit der besten Küche weit und breit. Frische Fische aus der Region werden zubereitet. *Ruhetag variabel | Mondseestr. 1 | Tel. 06232/235 90 | www.seehotel-lackner.at | €€*

RIESNERHOF �
Gediegene Mostschenke mit luxuriösem Rundblick und kulinarischen Freuden. *Mo und Di geschl. | Mondseeberg 6 | Tel. 06232/33 33 | www.riesnerhof.com | €*

■ ÜBERNACHTEN ■■■■■

EICHINGERBAUER
Gelungene Mischung aus traditionellem Gasthof und Landhotel mit Spa. *35 Zi. | Eich 34 | St. Lorenz bei Mondsee | Tel. 06232/26 58 | Fax 265 89 | www.eichingerbauer.at | €–€€*

IRIS PORSCHE HOTEL ⌇
Das neu umgebaute Luxushotel direkt am Marktplatz lässt keine Wünsche offen. Mit großem Spa-Bereich. *11 Zi. | Marktplatz 1 | Tel. 06232/22 37 | Fax 22 37 22 | www.irisporsche.at | €€€*

■ FREIZEIT & SPORT ■■■■■
Auf dem ▶▶ Mondsee wird gesegelt, gesurft und Wasserski gefahren. Das großzügig angelegte *Alpenseebad* hat eine 45 m lange Erlebnisrutsche. Gut ausgeschilderte ✮ Wanderwege führen durch Moore und Wiesen und bieten faszinierende Ausblicke auf die Seen- und Bergwelt.

■ AUSKUNFT ■■■■■

TOURISMUSVERBAND MONDSEELAND
Dr.-Franz-Müller-Str. | Tel. 06232/22 70 | Fax 22 70 22 | www.mondsee.at

■ ZIELE IN DER UMGEBUNG ■

OBERWANG   [118 B2]
Eine Wanderroute führt von Mondsee aus 11 km nordwestlich nach Oberwang (1600 Ew.). Nicht verpassen dürfen Sie einen Blick in die *Pfarrkirche St. Kilian* (mit einem barocken Hochaltar des Bildhauers Meinrad Guggenbichler) und eine zünftige Jause im *Wirtshaus Fideler Bauer (Sept.–Juni Mo geschl. | Grossenschwandt 31 | Tel. 06233/85 70 | €–€€).*

STEINBACH AM ATTERSEE   [118 C3]
Die kleine Sommerfrische (900 Ew., 24 km östlich) am Fuß des Höllengebirges wurde Ende des 19. Jhs. berühmt, als Gustav Mahler mehrere Sommer dort verbrachte und sich am See ein Komponierhäuschen errichten ließ. Den Schlüssel dazu gibt's in dem für seine Fischspezialitäten bekannten *Gasthof Föttinger (im Sommer tgl., sonst variable Ruhetage | Seefeld 14 | Tel. 07663/81 00 | €€).* Im Juli und August finden die *Philharmonischen Wochen* (Infotel. 07663/25 78) statt.

UNTERACH AM ATTERSEE   [118 B3]
Für viele ist Unterach (1500 Ew., 14 km südöstlich) der Lieblingsplatz am „Meer der Linzer", wie der Attersee auch genannt wird. Überreste einer Pfahlbausiedlung verweisen auf eine sehr frühe Besiedelung. Um 1900 sprach man von „Klein-Venedig". Die vielen Sommervillen haben bis heute nichts von ihrem Charme verloren. *Seegasthof Stadler | 43 Zi. | Stockwinkel 1 | Tel. 07665/83 46 | Fax 83 46 10 | www.seegasthof-stadler.at | €€*

ST. GILGEN

[118 A3] **In dem lebendigen Mozart-Dorf am Wolfgangsee (3700 Ew.) verbrachte Helmut Kohl viele Sommerurlaube.** Mozarts Mutter wurde 1720 hier geboren, seine Schwester Nannerl lebte viele Jahre mit ihrem Mann, dem Gerichtspfleger Berchtold von Sonnenburg, im Geburtshaus der Mutter.

■ SEHENSWERTES

MOZART-GEDENKSTÄTTE
Lohnende Ausstellung mit Briefen, Noten und Gemälden. *Juni–Sept. Di bis So 10–12 und 14–18 Uhr | Eintritt 1 Euro | Ischler Str. 15*

■ ESSEN & TRINKEN

FISCHER WIRT
Seegasthof mit gutbürgerlicher Note. Heimische Fische werden kreativ zubereitet. *Sept.–Juni Mo geschl. | Ischler Str. 21 | Tel. 06227/23 04 | www.fischer-wirt.at | €€*

■ ÜBERNACHTEN

HOLLWEGER ✲
Die gemütliche Atmosphäre drinnen wird nur noch getoppt durch die phantastische Aussicht. Unbedingt Balkonzimmer buchen. *64 Zi. | Mondsee Bundesstr. 2 | Tel. 06227/22 26 | Fax 79 56 52 | www.hollweger.at | €€*

■ FREIZEIT & SPORT

Morgens geht's zeitig aufs ✲ *Zwölferhorn (www.12erhorn.at).* Den Abstieg übernimmt die Seilbahn, damit Sie nach dem Bad im See noch die Sonne genießen können. Wasserski- und Segelschule: *Wassersportzentrum Engel | Steinklüftstr. 29 | Tel. 06227/77 81 | www.wassersport-engel.at*

■ AUSKUNFT

WOLFGANGSEE TOURISMUS GESELLSCHAFT
Mondsee Bundesstr. 1a | Tel. 06227/23 48 | Fax 234 89 | www.wolfgangsee.at

Mozartbrunnen in St. Gilgen

ST. WOLFGANG

[118 B4] Die Ikone des Salzkammerguts, heute eine oberösterreichische Marktgemeinde mit 3000 Einwohnern, verdankt ihre Berühmtheit einer Legende um den hl. Wolfgang sowie einer Operette. Ralph Benatzky (1884–1957) hob den Ort mit der 1930 uraufgeführten Operette „Im weißen Rössl" für alle Ewigkeit in den seligen Operettenhimmel. Sein Grab liegt auf dem Friedhof am Ortsrand, wie auch das des großen deutschen Schauspielers Emil Jannings (1884–1950), der viele Sommer am Wolfgangsee verbrachte.

◼ SEHENSWERTES

PACHER-ALTAR

In der Pfarrkirche aus dem 12. Jh. steht einer der bedeutendsten gotischen Flügelaltäre Mitteleuropas. 1481 fertiggestellt, repräsentiert er das Hauptwerk Michael Pachers. Kunsthistorisch bedeutend sind neben dem prachtvollen Barockaltar von Thomas Schwanthaler auch die von Meinrad Guggenbichler geschaffenen Statuen.

◼ ESSEN & TRINKEN

HUBERTUSHOF

Im Zentrum, nur einen Katzensprung vom See entfernt, werden im Sommer auf der großen Veranda Fischgerichte, wie zum Beispiel ein höchst delikates Seesaiblingsfilet, serviert. *Mo geschl. | Markt 133 | Tel. 06138/ 24 35 | €–€€*

◼ ÜBERNACHTEN

CORTISEN 🔊 *Insider Tipp*

Das Boutique-Hotel direkt am See mit Wasserskischule ist ideal für Genießer und alle, die ohne Kinder Urlaub machen. „No kids" hat für

> BÜCHER & FILME
Krimihelden, Persönlichkeiten und ein Genie

> **Tote Saison** – Der 2007 erschienene Salzburg-Krimi von O. P. Zier ist eine Abrechnung mit Lokalpolitikern, die für einen gewinnbringenden Tourismus alles opfern.

> **Salzburger Miniaturen IV** – Ein fabelhafter Band zum Schmökern (2007) über Salzburger Persönlichkeiten von Karl Heinz Ritschel, dem langjährigen Chefredakteur der „Salzburger Nachrichten".

> **Geheimes Salzburg** – Krimi (2008) von Edith Kneifl, der in die Künstlerszene bei den Salzburger Festspielen eintaucht – vor der Kulisse von Salzburgs schönsten Plätzen.

> **Silentium** – Verfilmung des gleichnamigen Krimis von Wolf Haas (2004): Kabarettist und Schauspieler Josef Hader ermittelt in der Rolle des Kommissars Brenner hinter den Mauern eines Konvikts und in der gar nicht so feinen Salzburger Gesellschaft (Regie: Wolfgang Murnberger).

> **Der Wadenmesser oder das wilde Leben des Wolfgang Mozart** – Das Genie als Anarchist: Der Dokumentarfilm von Kurt Palm (2004) schildert Mozarts Spielsucht ebenso wie seine unbändige Eifersucht und seine Lust an fäkalkomischer Sprache.

Schlagzeilen gesorgt, erfährt aber auch große Zustimmung. Mit Spabereich, Liegewiese und Gartenlounge. *32 Zi. | Pilgerstr. 15 | Tel. 06138/23 76 | Fax 23 76 44 | www.cortisen.at | €€€*

Strobl Wasserski und Wakeboard sehr gefragt. Um den See herum können Sie spazieren gehen und über dem See, auf dem *Schafberg* (1783 m), wandern. *Schafberg-Zahn-*

Es gibt ihn wirklich: der Wolfgangsee in voller Pracht

WEISSES RÖSSL

Das durch die gleichnamige Operette weltbekannte Seehotel ist großzügig ausgestattet und gediegen eingerichtet. Hallenbad, beheiztes Seebecken und Sauna. *94 Zi. | Markt 74 | Tel. 06138/230 60 | Fax 23 06 99 41 | www.weissesroessl.at | €€€*

FREIZEIT & SPORT

Auf dem Wolfgangsee sind neben der Schifffahrt nach St. Gilgen und

radbahn Talstation Mai–Okt. tgl. 9.15 und 11 Uhr sowie Juli/Aug. stündlich bis 16 Uhr bei einer Anzahl von mindestens 20 Fahrgästen | Ticket Berg- oder Talfahrt 19,60 Euro, Berg- und Talfahrt 28,60 Euro | www.schaf bergbahn.at

AUSKUNFT

WOLFGANGSEE INFORMATION

Pilgerstr. 28 | Tel. 06138/80 03 | Fax 80 03 81 | www.wolfgangsee.at

> SALZ IM BERG, GOLD IN DEN BÄCHEN

Zwischen Wildwasserpaddeln, Hochgebirgswanderungen
und Heilwassertrinken

> Der mit knapp 700 km² kleinste und zugleich auch jüngste der fünf Salzburger Gaue mit 57 000 Einwohnern hat seinen Namen vom Tennengebirge, das ihn im Süden zum Pongau hin abriegelt.
Links und rechts steigen die Felswände des Tennen- und Hagengebirges steil in die Höhe, und unten rauschen die Strudel und Schnellen der Salzach. Die alte Salinenstadt Hallein, die zugleich Bezirkshauptstadt ist, und der Dürrnberg – einst eine historisch bedeutsame Keltensiedlung – liegen in einer der ältesten Industriegegenden der Welt, wo schon vor über 2500 Jahren Salz gewonnen wurde.

Südlich des Passes Lueg beginnt der Pongau, dessen Topografie vom engen Salzachtal, das sich ab der Bezirkshauptstadt St. Johann in westliche Richtung erstreckt, und vom salzburgischen Ennstal bestimmt wird. Der Pongau umfasst 1755 km²,

TENNENGAU UND PONGAU

beheimatet 78 000 Einwohner und zählt wie der Pinzgau und Lungau zum Land „inner Gebirg". Wohin auch immer sich der Blick wendet, es sind die Berge, die den Ton angeben. Die Radstädter Tauern im Süden mit dem Draugstein(2356 m) und der Glingspitze(2433 m) sowie die Dientener Berge im Nordwesten bieten sich für ausgedehnte Wandertouren an, ebenso wie das Großarltal. Die Tauernbahn, Anfang des 20. Jhs.

erbaut, hat den einstigen Weltkurort Bad Gastein mit der Westbahnstrecke verbunden. Der längst eingestellte Abbau von Gold im Gasteiner Tal und Kupfer am Hochkönig hat die Gegend schon vor Jahrtausenden geprägt. Heute sind hier wie in der Skiwelt Amadé ideale Bedingungen für alle Wintersportarten vorhanden, und Kenner wissen die Sonnenterrasse über dem Salzachtal besonders zu schätzen.

ABTENAU

[118 A6] Abtenau (5800 Ew.), aufwärts der Lammergelegen und zwischen Bergen eingebettet, ist einer der beliebtesten Ferienorte im Tennengau. Die schwefelhaltige Kochsalzquelle (Glaubersalz),

■ ESSEN & TRINKEN ■

GOLDENER STERN

Beliebter Treffpunkt, hier werden heimische Schmankerln serviert. Außerdem preisgekrönte Konditorei. *Tgl. | Markt 29 | Tel. 06243/22 40 | www.goldenerstern.at | €€*

Idyll mit Geschichte: Bauernhäuser in Altenmarkt

wirksam bei Verdauungsstörungen, plätschert seit Jahren ungenutzt vor sich. Im Hotel Moisl kann man das Heilwasser aus zwei Brunnen trinken. Abtenau hat sich mit den Nachbarorten Annaberg-Lungötz, Russbach und St. Martin zur Ferienregion Lammertal-Dachstein West zusammengeschlossen. Eine Mautstraße führt auf die 40 km² große *Postalm,* die größte Hochalm Österreichs mit vielen Wanderwegen. Anfang Juni treiben die Bauern aus dem Lammertal ihre Jungtiere auf die Alm.

■ ÜBERNACHTEN ■

MOISL

Das Genuss- und Vitalhotel punktet mit sympathischer Ausstrahlung, komfortablen Zimmern und einer großzügigen Wellnessanlage. *60 Zi. | Markt 26 | Tel. 06243/223 20 | Fax 221 06 12 | www.hotelmoisl.at | €€€*

■ FREIZEIT & SPORT ■

Zwei Sportschulen lehren Drachenfliegen, Kajakfahren und Klettern, außerdem werden Rafting und Schlauchboottouren angeboten.

> www.marcopolo.de/salzburg

ENNENGAU UND PONGAU

■ **AUSKUNFT** ■

TOURISMUSREGION LAMMERTAL-DACHSTEIN WEST

Markt 165 | Postfach 5 | Tel. 06243/404 00 | Fax 40 40 40 | www.lammertal.info

■ **ZIEL IN DER UMGEBUNG** ■

ANNABERG-LUNGÖTZ [118 B6]

Schön gelegene Sommerfrische (2300 Ew.) und attraktives Skigebiet 11 km südöstlich von Abtenau. Zwischen Annaberg und St. Martin liegt die wildromantische *Salzburger Dolomitenstraße*. Hotel: *Mandlhof | 6 Ferienwohnungen für Selbstversorger | Übernachtungsmöglichkeiten auf der hauseigenen Alm | Tel. 06463/81 46 | Fax 814 64 | www.mandlhof.at | €– €€*

ALTENMARKT

[124 B2] **Skifahrer geraten ins Schwärmen, wenn von Altenmarkt (3700 Ew.) die Rede ist.** Sie denken an das Skiparadies Zauchensee mit dem Weltcup-Zirkus und an die angeschlossene regionale Skiarena der Sportwelt Amadé.

■ **ESSEN & TRINKEN** ■

BLIEMBAUER ☼

Hier wird auf leichte Art bodenständig-bäuerlich gekocht. Der Landgasthof liegt etwas außerhalb auf 1070 m und bietet neben dem guten Essen einen phantastischen Ausblick. *Tgl. | Palfen 18 | Tel. 06452/62 46 | €– €€*

■ **ÜBERNACHTEN** ■

ALPENLAND 📶

Freundliches Familienhotel, fast alle Zimmer mit Balkon. *22 Zi. | Zauchenseestr. 278 | Tel. 06452/55 66 | Fax 69 52 14 | www.alpenland.cc | €*

Insider Tipp

SPORTALM

Ideal im Skigebiet gelegenes Haus mit familiärer Note. *44 Zi. | Palfen 163 | Tel. 06452/40 06 | Fax 400 55 | www.sportalm.com | €€*

■ **AUSKUNFT** ■

TOURISMUSVERBAND ALTENMARKT-ZAUCHENSEE

Sportplatzstr. 486 | Tel. 06452/55 11 | Fax 60 66 | www.altenmarkt-zauchensee.at

■ **ZIELE IN DER UMGEBUNG** ■

FILZMOOS ☼ [124 C1]

Der Ferien- und Skiort (1500 Ew.) am Fuß der Bischofsmützeist besonders auf Familien ausgerichtet. Im Erlebnispark gibt es zahlreiche Möglichkeiten zum Planschen, Erholen und Klettern und viel Spaß für Kinder. Johanna Maier, die einzige Vier-Hauben-Köchin der Welt, wirkt im *Hotel Hubertus (15 Zi. und 6 Apartments) | Tel. 06453/82 04 | Fax 820 46 | www.hotelhubertus.at | €€€). 17 km nordöstlich von Altenmarkt*

MARCO POLO HIGHLIGHTS

⭐ **Dürrnberg**
4000 Jahre Salzbergbau, Solekurort mit Ausblick, Keltendorf und Schaubergwerk (Seite 73)

⭐ **Eisriesenwelt**
Die große Eishöhle bei Werfen zeigt sich als glitzernde Schönheit unter Tage (Seite 76)

OBERTAUERN ▶▶ [124 C3]

Das verschlafene kleine Dorf, das 23 km südlich von Altenmarkt auf der Passhöhe (1739 m) des Radstädter Tauern liegt, blüht im Winter zur Skimetropole auf *(www.obertauern.*

Stadtmauer und Wassergraben, die den Bauernaufständen im 16. Jh. standgehalten haben. Das *Heimatmuseum Schloss Lerchen (Di–Fr 10–12 und 14.30–17 Uhr | Eintritt 3,50 Euro | Schlossstr. 1)* zeigt Darstellungen der

Die Felsentherme in Bad Gastein wird von radonhaltigen Heilquellen gespeist

com). Die Schneelage ist sicher, und auch sonst gibt es nichts, worauf Carver, Snowboarder oder Langläufer verzichten müssten. Hotel: *Hotel Kesselspitze | 65 Zi. | Tel. 06456/74 00 | Fax 75 76 56 | www.luerzer.at | €€€.* Restaurant: *Lürzer Alm | tgl. | Tel. 06456/72 89 | €€*

RADSTADT [124 B2]

Kleine Stadt (4800 Ew., 4 km östlich von Altenmarkt) mit großer Geschichte. Hier lässt es sich gut golfen, radeln und wandern. Imposant sind

Römerzeit, der Bauernkriege und der Protestantenemigration. Restaurant: *Stegerbräu | tgl. | Tel. 06452/43 13 | €*

BAD GASTEIN

[123 D5] Wer zum ersten Mal in den einstigen Weltkurort (4600 Ew.) kommt, traut seinen Augen nicht. Der Kontrast zwischen den Hotelbauten der Gründerzeit und den Gipfeln der Hohen Tauern könnte nicht größer sein. Das radonhaltige Heilwasser sprudelt aus 18 Quellen und speist auch Frei- und

ENNENGAU UND PONGAU

Hallenbäder wie die beeindruckende *Felsentherme* (www.felsentherme. com). Der Heilstollen im knapp 4 km entfernten Böckstein hat mit Temperaturen von 37 bis 41,5 Grad, einer Luftfeuchtigkeit bis zu 100 Prozent und dem erhöhten Radongehalt ein einzigartiges Heilklima, besonders auch für alle von Rückenschmerzen Geplagten.

■ ESSEN & TRINKEN ■

FISCHERWIRT
Fischspezialitäten und preiswerte Schmankerln, nostalgische Atmosphäre. *Teils Mo geschl.* | *Karl-Heinrich-Waggerl-Str. 32* | *Tel. 06434/ 22 31* | *€ – €€*

GRÜNER BAUM
Hier verbinden sich Tradition und Spitzengastronomie, serviert wird moderne österreichische Küche mit internationalem Einschlag. *Tgl.* | *Kötschachtal 25* | *Tel. 06434/25 16* | *www.hoteldorf.com* | *€€€*

■ ÜBERNACHTEN ■

HAUS HIRT ✻
Neu renoviertes Landhaus aus den 1920er-Jahren mit spektakulärem Gipfelblick. Hallenbad, Sauna, Sonnendeck, Massagen, heiße Quelle. Nur mit Vollpension. *29 Zi.* | *Kaiserhofstr. 14* | *Tel. 06434/279 70* | *Fax 27 97 48* | *www.haus-hirt.com* | *€€ – €€€*

Insider Tipp
VILLA EXCELSIOR
Frisch renoviertes Haus, direkt an der Kaiser-Wilhelm-Promenade gelegen, mit hübschen Zimmern und aufmerksamem Service. *28 Zi.* | *Reitlstr. 20* | *Tel. 06434/213 50* | *Fax 21 35 04* | *www.villa-excelsior.at* | *€€€*

■ FREIZEIT & SPORT ■

Das Gasteiner Tal eignet sich ideal zum Paragliden und Drachenfliegen. Außerdem stehen ein Golfplatz und anspruchsvolle Bike- und Wanderrouten zur Verfügung. Über Pisten, Seilbahnen und Skilifte informiert Sie *www.skigastein.com.*

■ AUSKUNFT ■

GASTEINERTAL TOURISMUS
Kaiser-Franz-Joseph-Str. 27 | *Tel. 06434/339 35 60* | *Fax 339 35 37* | *www.gastein.com*

■ ZIELE IN DER UMGEBUNG ■

BAD HOFGASTEIN [123 D4]
Der 7 km nördlich von Bad Gastein gelegene, lebendige Kurort (6800 Ew.) mit ländlichem Charakter bezieht das Heilwasser aus Bad Gastein. Die neue *Alpentherme* (www.alpen therme.com) bietet Wellnesslandschaften auf über 30 000 m². In der *Gadaunererschlucht* zeigt sich die Natur von ihrer dramatischen Seite. Im *Weitmoserschlössl,* einem spätgotischen Adelssitz, ist ein ✻ Caférestaurant (€€) untergebracht. Hotels: *Grand Park Hotel (89 Zi.* | *Tel. 06432/ 635 60* | *Fax 84 54* | *www.grandpark hotel.at* | *€€€), Brunnhof (20 Zi.* | *Tel. 06432/64 08* | *Fax 64 08 42* | *€€), Villa Rager (6 Zi.* | *Tel. 06432/61 49* | *€).* Restaurant: *Landgasthof Bertahof* | *Mi geschl.* | *Tel. 06432/76 08* | *www. bertahof.at* | *€€*

Auskunft: *Gasteinertal Tourismus* | *Tauernplatz 1* | *Tel. 06432/339 30* | *Fax 339 31 20* | *www.gastein.com*

DORFGASTEIN [123 D3]
Eine sympathische Sommerfrische (1700 Ew.), 15 km nördlich, mit weit

angelegtem Netz von Wanderwegen. Das älteste Gebäude des Tales, die *Burg Klammstein (Di–So 11–17 Uhr | Eintritt 4 Euro)* ist zugleich Sitz von Verwaltung und Gericht. Die Naturhöhle *Entrische Kirche (Führungen Mitte April–Mitte Juli und Ende Aug. bis Mitte Sept. Mi–Mo 11–15 Uhr, Mitte Juli–Ende Aug. tgl. 10–16 Uhr, jeweils zur vollen Stunde | Eintritt 9 Euro)* fasziniert durch ihre Tropfstein- und Sinterbildungen. Warme Kleidung, feste Schuhe und eigene Taschenlampe sind empfehlenswert. Zum Entspannen geht es in das *Alpen Solarbad* mit großer Wasserrutsche.

Auskunft: *Gasteinertal Tourismus | Dorfgastein 11 | Tel. 06433/339 34 60 | Fax 339 34 37 | www.gastein.com*

HALLEIN

[117 E4] **Die in ihrem Kern heute noch mittelalterliche Stadt an der Salzach**

Kostbar: Schnabelkanne im Keltenmuseum

(19 500 Ew.) ist wie kein anderer Ort über Jahrtausende von der Kraft des Salzes geprägt. Die engen Gassen der Altstadt, deren Häuser vorbildlich restauriert wurden, vermitteln schnell das Gefühl, an einem besonderen Ort zu sein. Bei der Stadtpfarrkirche liegt das Grab des Organisten Franz Xaver Gruber, der das Lied „Stille Nacht, heilige Nacht" komponierte.

■ SEHENSWERTES ■

KELTENMUSEUM

Die Kultur der Kelten und ihr Einfluss auf den Salzbergbau auf dem Dürrnberg werden mit Exponaten von europäischem Rang dargestellt. Im 2. Stock des ehemaligen Salinenverwaltungsgebäudes von 1654 sind historische Salzgewinnung und -vertrieb anschaulich dokumentiert. *Tgl. 9–17 Uhr, Gruppen nach Anmeldung | Eintritt 6 Euro | Tel. 06245/807 83 | www.keltenmuseum.at*

■ ESSEN & TRINKEN ■

HOHLWEGWIRT

Inside Tipp

Der Patron kocht selbst: solide und gut. *So abends–Di mittags geschl. | Salzburger Str. 84 | Tel. 06245/ 82 41 50 | www.hohlwegwirt.at | €€*

KALTENHAUSENER BRÄUSTÜBL

Rustikal eingerichtet, bodenständige Küche, schattiger Innenhof und gepflegte Biere. *Mo geschl. | Salzburger Str. 67 | Tel. 06245/802 33 | €*

■ AUSKUNFT ■

TOURISMUSVERBAND HALLEIN/ BAD DÜRRNBERG

Mauttorpromenade 6 | Tel. 06245/ 853 94 | Fax 853 94 29 | www.hallein.com

■ ZIELE IN DER UMGEBUNG ■

BAD VIGAUN   [117 E5]

Der junge Kurort (1900 Ew.) 3 km südlich von Hallein machte rasch Karriere, nachdem 1985 in 1354 m Tiefe eine Natrium-Calcium-Chlorid-Sulfat-Quelle mit 34 Grad warmem Heilwasser entdeckt worden war. Das *Thermalbad St. Barbara* bietet eine großzügig angelegte Badelandschaft mit Innen- und Außenpools. Die Umgebung ist ein Paradies für Wanderer und Biker. Zum Kurzentrum gehört das *Kurhotel (256 Zi. | Tel. 06245/899 90 | Fax 899 96 66 | www. badvigaun.com | €€€)* mit Thermalbad (freier Eintritt), Sauna und Dampfbad. Außerdem: *Hotel Langwies | 35 Zi. | Tel. 06245/89 56 | Fax 89 56 13 | www.langwies.sbg.at | €–€€*

DÜRRNBERG ★   [117 E5]

Der 4 km südlich von Hallein gelegene Dürrnberg *(www.duerrnberg.at)* ist vieles in einem: Hausberg, Keltenberg, Salzlagerstätte, Erholungs- und Kurort. Neben der Wallfahrtskirche liegt das *Kurhaus St. Josef* mit einem Sole-Thermalhallenbad. Einen Besuch im ☀ *Gradierwerk* sollten Sie nicht verpassen. Das Sole-Freiluftinhalatorium bietet mit dem faszinierenden Blick auf das Salzachtal auch Erholung für die Augen. Hotel: *Wellnesshotel Kranzbichlhof (24 Zi. | Hofgasse 12 | Tel. 06245/851 18 | Fax 851 18 59 | www.kranzbichlhof. at | €€)*. Das originalgetreu rekonstruierte *Keltendorf (Nov.–März tgl. 10 bis 15 Uhr, April–Okt. tgl. 9–17 Uhr | www.salzwelten.at)* ermöglicht Einblicke in die Lebensweise dieses Volksstammes vor 2500 Jahren, unter anderem mit einem aufwendig gestalteten

Fürstengrab. Zur Besichtigung des stillgelegten *Salzbergwerks (Öffnungszeiten wie Keltendorf | Kombieintritt Salzbergwerk, Keltendorf und -museum 18 Euro)* gehören eine Fahrt mit dem Grubenhunt und Rutschpartien über lange Bergmannsrutschen.

Spannend: Bootstour im Salzbergwerk

GOLLING   [117 E5]

Der Marktflecken (4000 Ew.) 16 km südöstlich von Hallein, an der Nordseite vom Pass Lueg, beeindruckt mit stattlichen Häusern und hübschen Fassaden. Der Ort ist ein beliebter Ausgangspunkt für Wanderungen ins Bluntautalzum *Torrener Wasserfall*, zum *Gollinger Wasserfall* oder auf den *Hohen Göll* (2522 m). Mit sehr viel Fingerspitzengefühl gekocht wird im mit einem Michelinstern gekrönten *Restaurant Döllerer (Mo und So geschl. | Markt 56 | Tel. 06244/422 00 | www.doellerer.at | €€€)*. **Insider Tipp**

ST. KOLOMAN [117 F5]

Es ist eines der schönsten Dörfer des Landes, das sich auf dem Hochplateau über dem Salzachtal, 12 km südöstlich von Hallein, auf 850 m Höhe versteckt hält. Der Ort (1600 Ew.) ist wie geschaffen zum Ausspannen und Erholen und Ausgangspunkt für interessante Wanderungen ins Tauglgebiet. Hotel: *Natur- und Vitalhotel Sommerau | 22 Zi. | Sommeraustr. 231 | Tel. 06241/212 | Fax 21 28 | www.biovitalhotel-sommerau.at | €€*

ST. JOHANN

[123 D2] Der Hauptort des Pongaus (10 700 Ew.), im Jahr 2000 zur Stadt erhoben, ist nicht zu verfehlen. Die nach dem großen Brand 1855 im neugotischen Stil wieder aufgebaute Kirche mit den beiden 62 m hohen Türmen, auch Pongauer Dom genannt, zeigt sich schon von weitem. Der Ortsteil Alpendorf, ca. 3 km entfernt, liegt auf 800 m Höhe und besteht ausschließlich aus Hotels mit einem breit gefächerten Angebot an Wellness- und Sportmöglichkeiten.

SEHENSWERTES

LIECHTENSTEINKLAMM

Wie sich die Wassermassen über Steine wuchten und in die Tiefe stürzen, fasziniert immer wieder aufs Neue. Die nach dem Fürstenhaus Liechtenstein benannte Klamm zählt zweifellos zu den aufregendsten im Land. Über gut gesicherte Steige und Stege geht es an den ausgewaschenen Felswänden entlang. *Mai–Sept. tgl. 8–18 Uhr, Okt. tgl. 9–16 Uhr | Eintritt 4 Euro | Führungen | www.liechtensteinklamm.at*

ESSEN & TRINKEN

GRUBHÖHE

Idyllisch in Waldnähe gelegener Familienbetrieb, wo gutbürgerlich gekocht und freundlich bedient wird. *Tgl. | Wagrainer Str. 38 | Tel. 06412/84 32 | www.hotel-grubhoehe.at | €*

ÜBERNACHTEN

LERCH

Familienfreundliches Haus am Ortsrand, mit Panoramahallenbad. *42 Zi. | Liechtensteinklammstr. 12 | Tel. 06412/42 51 | Fax 40 15 13 | www.hotel-lerch.at | €€*

AM ABEND

OBERFORSTHOFALM

Bei Tanzabenden mit Livemusik trifft man schon mal auf Ralf Schumacher oder DJ Ötzi. *Mo–Sa ab 16, So ab 11 Uhr | Alpendorf 12 | Tel. 06412/63 96 | www.oberforsthofalm.at*

AUSKUNFT

TOURISMUSVERBAND ST. JOHANN IM SALZBURGER LAND

Ing.-Ludwig-Pech-Str. 1 | Tel. 06412/603 60 | Fax 60 36 74 | www.sankt johann.com

ZIELE IN DER UMGEBUNG

ST. VEIT UND GOLDEGG [123 D2–3]

Die Salzburger Sonnenterrasse mit St. Veit und Goldegg (6 km bzw. 10 km südwestlich) ist wegen ihres besonderen Heilklimas bekannt. 1914 wurde eine Lungenheilanstalt errichtet, in der Thomas Bernhard mehrmals Patient war. Es gibt ausgedehnte Wanderwege, in Goldegg einen Moorsee und einen Golfplatz.

Im Restaurant *Bierführer* (Mo geschl. | Goldegg | Tel. 06415/81 02 |

www.bierfuehrer.sbg.at | €€) werden im urigen Ambiente Schmankerln aus der Region serviert. Wirtin Rosi begrüßt jeden Gast persönlich. Wenn

seinem Tod. Im *Waggerl-Haus (Juli/ Aug. Di–Sa sowie Sept.–Juni Di, Do, Fr 14–18 Uhr | Eintritt 4 Euro | Karl-Heinrich-Waggerl-Str. 1)* wird neben

Insider Tipp

Atemberaubend, aber ungefährlich: der Weg durch die Liechtensteinklamm

der Wein besser schmeckt als gedacht, finden sich gemütliche Zimmer im Landhausstil gleich nebenan.

WAGRAIN [123 E2]
Der 8 km östlich von St. Johann in 850 m Höhe gelegene 3000-Einwohner-Ort wird vor allem mit den Namen Joseph Mohr (1792–1848) und Karl Heinrich Waggerl (1897–1973) in Verbindung gebracht. Mohr war der Textdichter des Weihnachtsliedes „Stille Nacht, heilige Nacht" und ist in Wagrain begraben. Der Schriftsteller Waggerl, ein gebürtiger Gasteiner, lebte hier von 1920 bis zu

den original erhaltenen Schauräumen eine umfangreiche Dokumentation gezeigt. Im *Hotel Kalkofen (8 Zi. | Kirchboden 77 | Tel. 06413/82 06 | Fax 73 44 | www.kalkofen.at | €)* stehen Pongauer Spezialitäten auf der Speisekarte.

WERFEN

[123 D1] **Der Markt, einer der ältesten des Landes, liegt idyllisch zwischen Tennen- und Hagengebirge.** Seine Gründung datiert um 1200, das Marktprivileg erhielt der heute 3100 Einwohner zählende Ort im Jahr 1425.

Beidseits der Salzach erstrecken sich kleine Täler wie das Blühnbachtal mit gut ausgebauten Wanderwegen.

■ SEHENSWERTES

EISRIESENWELT ⭐

1879 in der Westwand des Hochkogels entdeckt, zeigt die Eishöhle ein faszinierendes Naturschauspiel, das durch ein ausgedehntes Tunnelsystem (bislang sind 50 km erforscht) erschlossen wurde. Für die Besichtigung sollten Sie drei bis vier Stunden einplanen, warme Kleidung und feste Schuhe sind empfehlenswert. *Halbstündliche Führungen Mai–Okt. tgl. 9–15.30 Uhr, Juli/Aug. 9–16.30 Uhr | Dauer 70 Minuten, Eintritt 19 Euro inkl. Bergbahn | www.eisriesenwelt.at*

ERLEBNISBURG HOHENWERFEN ❄

115 m über der Salzach thront auf einem markanten Felskegel die Fes-

>LOW BUDGET

tung Hohenwerfen, wie Hohensalzburg im 11. Jh. von Konrad I. erbaut. Neben dem Rundgang in der Burganlage lohnt ein Besuch auf dem Landesfalkenhof, der hier untergebracht ist. *April Di–So sowie Okt. tgl. 9.30–16 Uhr, Mai, Juni, Sept. tgl. 9–17 Uhr, Juli/Aug. 9–18 Uhr | Eintritt 10,50 Euro | www.salzburg-burgen.at*

■ ESSEN & TRINKEN

REITSAMERHOF

Der etwas außerhalb gelegene Landgasthof gilt als Geheimtipp für bodenständige Küche mit guter Qualität. *Mo, Di geschl. | Reitsam 22 | Tel. 06468/53 79 | www.reitsamerhof.at | €*

■ ÜBERNACHTEN

OBAUER

Die Brüder Obauer verteidigen erfolgreich ihre vier Hauben im Restaurant. Sie führen auch ein kleines, individuell gestaltetes Hotel. *13 Zi. | Markt 46 | Tel. 06468/521 20 | Fax 52 12 12 | www.obauer.com | €€*

■ FREIZEIT & SPORT

Wer nicht wandern will, stürzt sich in die Fluten der Salzach – beim Rafting und Jetboaten.

■ AUSKUNFT

TOURISMUSVERBAND WERFEN

Markt 24 | Tel. 06468/53 88 | Fax 75 62 | www.werfen.at

■ ZIELE IN DER UMGEBUNG

BISCHOFSHOFEN   [123 D1–2]

Wichtiger Verkehrsknotenpunkt 8 km südlich von Werfen und älteste Siedlung des Pongaus (10300 Ew.). Die ehemalige romanische *Klosterkirche* zeigt sich heute als dreischiffiger Bau und beherbergt ein einzigartiges gotisches Marmorhochgrab. Im *Museum Kastenturm (Mi, Fr–So 10–16 Uhr und nach Vereinbarung | Tel. 0664/ 341 96 41 | Eintritt 3 Euro | Pfarrplatz)* ist das *Rupertikreuz* – allerdings meist nur als Replik – zu bestaunen, ein mit Kupferblech beschlagenes irisches Schaufelkreuz aus der Zeit der Missionierung.

Abergs (Mai–Okt. tgl. 8–19 Uhr, Fr 15–18 Uhr Mahlvorführungen | www. 7muehlen.at).

WERFENWENG [123 E1]

Insider Tipp

Der sonnenverwöhnte Ferienort 7,5 km östlich an der Südseite des Tennengebirges liegt zwischen 1000 und 1800 m Höhe und ist sommers wie winters ein höchst reizvolles Urlaubsziel. Der ge-

Hoch über der Salzach: Festung Hohenwerfen, dahinter das Tennengebirge

PFARRWERFEN [123 D1]

Eine ehemalige römische Poststation, die 1074 erstmals urkundlich erwähnt wurde. Der von Hochkönig und Tennen- und Hagengebirge umschlossene, 3 km südlich von Werfen gelegene Ort (2200 Ew.) trug bis Mitte des 19. Jhs. den Namen St. Cyriak. Interessant sind die unter Denkmalschutz stehenden *Mühlen* am Abhang des

samte Ort (900 Ew.) hat sich dem Prinzip der sanften Mobilität verschrieben, d. h. auch Urlaub vom Auto. Mit kleinen „Elois" (Elektromobil-Shuttles) werden die Gäste chauffiert, wohin und so oft sie wollen *(www. werfenweng.org).* Übernachtung: *Gut Wenghof | 91 Zi. | Wenig 17 | Tel. 06466/45 00 | Fax 45 07 | www.werfen weng.at | €€*

> WELTVERGESSENER WINKEL

Österreichs höchstgelegener Bezirk ist kühl, aber sonnig –
und voller Überraschungen

> **Der Lungau ist wegen seiner Lage und seines Klimas ein rares Kleinod unter den landschaftlichen und kulturellen Schätzen des Salzburger Landes.**

Gäbe es den Lungau nicht, er müsste erschaffen werden. Im südöstlichen Winkel gelegen und abgeschnitten vom übrigen Land, war er jahrhundertelang nur über eine Passstraße erreichbar. Jetzt ist diese Straße über den Radstädter Tauernpass (1739 m), deren Route schon in der Bronzezeit eine wichtige Nord-Süd-Achse war, ein Ausflugsziel, denn die Hauptverbindung läuft über die Tauernautobahn. Als der Lungau aus dem Dornröschenschlaf erwachte, war die Zeit, in der das Ursprüngliche verpönt war, schon wieder vorbei. Deshalb ist alles echt geblieben, selbst wenn die Bauernhöfe in Lessach oder die Almhütten im Göriachtal beinahe wie eine Kulisse wirken mögen. In den 15 Gemeinden leben auf 1000 km²

> *www.marcopolo.de/salzburg*

LUNGAU

21300 Menschen, werden 16000 Rinder gehalten und stehen 14500 Gästebetten zur Verfügung.

Wer Ruhe und Entspannung sucht, gern wandert oder radelt und das Reizklima des Gebirges schätzt, für den ist der Lungau wie maßgeschneidert. Die Touren, ob beim Wandern, Mountainbiking oder Trekking, beginnen sanft und steigern sich von Stunde zu Stunde, ohne das Letzte abzuverlangen. Das Hochplateau liegt auf 1000 m Höhe und ist von Bergen eingefasst – was auf Lungauerisch so viel heißt wie „umandum san ois Berg". Die Täler führen radspeichenförmig von Tamsweg, Mariapfarr und Mauterndorf in die Bergwelt der Radstädter und Schladminger Tauern sowie in das südlich gelegene Nockgebiet. Kälte und Sonne liegen oft im Wettstreit, und die Besonderheit des Lungauer Klimas besteht darin, dass es keinen Sieger gibt.

MAUTERNDORF

[125 D4] Aus der ältesten urkundlich erwähnten Mautstelle der Ostalpen hat sich der wegen seiner einzigartigen Giebelhäuser

Burg Mauterndorf war zugleich Mautstelle und Sommerresidenz der Fürsterzbischöfe

und der Römerstraße auch baulich attraktive Ort kontinuierlich entwickelt. Mauterndorf ist seit 1217 Markt und hat heute rund 1800 Einwohner.

In Mauterndorf, aber auch in Tamsweg, Mariapfarr, St. Michael und anderen Orten des Lungaus finden *Samsonumzüge* statt. Dabei wird die Figur des biblischen Riesen Samson, von großköpfigen Zwergen begleitet, mit Musik und Tanz durch den Ort getragen. Was in früheren Zeiten ein Teil der Fronleichnamsprozession war, ist heute eine Attraktion bei verschiedenen Sommerfesten.

◼ SEHENSWERTES

BURG MAUTERNDORF ⭐

In der von Grund auf renovierten Burg – ehemals Mautstation und Sommerresidenz der Salzburger Fürsterzbischöfe –, in der auch ein Landschaftsmuseum untergebracht ist, können Sie eine Zeitreise ins Mittelalter unternehmen. *Mai–Okt. tgl. 10–18 Uhr, Jan.–April Di und Do 11–18 Uhr | Eintritt Sommer 8,20 Euro, Winter 5,50 Euro | Tel. 06472/ 74 26 | www.salzburg-burgen.at*

◼ ESSEN & TRINKEN

MESNERHAUS

Das Gute belassen und das Abgewetzte ersetzen: Unter diesem Motto weht hier ein frischer Wind. Ambitionierte und kreative Küche wird im Gourmetrestaurant serviert, Vegetarisches und Biogerichte kommen im *Bistro Josef und Maria* auf den **Insider Tipp** Tisch. Sie sollten unbedingt reservieren. *Mo und Di geschl. | Mauterndorf 56 | Tel. 06472/75 95 | www.mesner haus.at | €€€*

STEFFNER-WALLNER

Hausmannskost und Bachforellen stehen auf der Speisekarte. *Tgl. | Markt 90 | Tel. 06472/721 40 | www.steffner-wallner.at | €*

ÜBERNACHTEN

HOTEL KARLA ❄
Sympathisches Wellness- und Vital-hotel, umgeben von weiten Tälern und imposanten Bergen. Mit Saunen, Sonnenterrasse und Hallenbad. *34 Zi. | Markt 274 | Tel. 06472/73 65 | Fax 73 65 20 | www.hotel-karla.at | €€*

NEUWIRT
Der freundliche Gasthof im Ortszentrum hat eine Sauna, im Restaurant wird Hausmannskost serviert. *34 Zi. | Mauterndorf 39 | Tel. 06472/72 68 | Fax 726 88 | www.neuwirtmauterndorf.at | €*

AUSKUNFT

TOURISMUSVERBAND MAUTERNDORF
Markt 52 | Tel. 06472/79 49 | Fax 79 49 27 | www.mauterndorf.at

ZIEL IN DER UMGEBUNG

SCHLOSS MOOSHAM   [125 D5]
Das in Privatbesitz stehende Schloss aus dem 13. Jh. liegt 3 km südlich von Mauterndorf. Es war Schauplatz von Hexenprozessen, die erst 1682 ein Ende fanden. Zu sehen sind u.a. eine Folterkammer und eine Wagenburg. *Führungen April–Okt. Di–So 9–16 Uhr zu jeder vollen Stunde | Eintritt 9 Euro | www.schloss-moosham.info*

ST. MICHAEL

[125 D5] Am Fuß des Katschbergs liegt Michö, wie die Lungauer sagen, mit 3600 Einwohnern und dem Marktrecht von 1416. St. Michael ist im Sommer und im Winter ein idealer Ferienort zum Biken, Radeln und Wandern wie zum Skilaufen auf Loipen und Pisten. Kunsthistorisch interessant sind die im Mittelalter mehrmals umgebaute *Pfarrkirche* sowie die beiden *Filialkirchen St. Ägydius und St. Martin* mit romanischen Fresken.

ESSEN & TRINKEN

METZGERSTUB'N
Gute, bodenständige Küche zu reellen Preisen, Talstation des Speierecklifts, Sonnenterrasse. *Mo geschl. | Meixnergasse 30 | Tel. 06477/81 10 | €*

ÜBERNACHTEN

WASTLWIRT
Einladende Atmosphäre und breit gefächertes Angebot, unter anderem ein Porsche, der stundenweise gemietet werden kann. *50 Zi. | Poststr. 13 | Tel. 06477/715 50 | Fax 71 56 60 | www.wastlwirt.at | €€€*

FREIZEIT & SPORT
Abwechslung zum Wandern bietet der *Golfclub St. Michael* (Feldner-

MARCO POLO HIGHLIGHTS

⭐ **Burg Mauterndorf**
Mit dem Motto „Lust auf Mittelalter" zieht die Burg Besucher an (Seite 80)

⭐ **St. Leonhard**
Die Wallfahrtskirche bei Tamsweg ist der bedeutendste gotische Sakralbau

in den Alpen – mit Befestigungsanlage aus dem Jahr 1473 (Seite 82)

⭐ **Stollenlehrpfad**
In dem alten Bergwerk bei Ramingstein erfährt man viel über den mittelalterlichen Bergbau (Seite 85)

gasse 165 | Tel. 06477/74 48 | *www. golfclub-lungau.com*) mit Golfschule. Mit Sesselbahnen geht es ganzjährig von der *Katschberg-Passhöhe* aufs *Aineck* und aufs *Speiereck*.

■ AUSKUNFT

TOURISMUSVERBAND ST. MICHAEL IM LUNGAU
Raikaplatz 242 | *Tel. 06477/891 30* | *Fax 89 13 54* | *www.stmichael-lun gau.at*

■ ZIELE IN DER UMGEBUNG ■

DENKMALHOF MAURERGUT [124 C4]
Der Denkmalhof im 13 km nordwestlich gelegenen Ort Zederhaus ist ein typischer Lungauer Einhof aus dem Spätmittelalter, der von 1509 bis 1978 durchgehend bewirtschaftet wurde. Zu sehen sind unter anderem eine Mühle mit Leinstampf und ein

>LOW BUDGET

> *Tonimörtlhof:* Der sonnig und ruhig gelegene Bauernhof bietet sympathische Zimmer und Ferienwohnungen zu äußerst günstigen Preisen an. Kleiner Streichelzoo, auf den Pferden darf auch geritten werden. *7 Zi., 3 Ferienwohnungen und 1 Blockhaus Bruckdorf 59* | *Mariapfarr* | *Tel./Fax 06473/85 83* | *www.tonimoertlhof.at*

> *Skiregion Oberlungau:* In den Skigebieten Katschberg, Aineck, Speiereck und Fanningberg stehen 190 Pistenkilometer aller Schwierigkeitsstufen zur Verfügung. Günstige Familienskipässe und Übernachtungsmöglichkeiten – ideal für Familien und bei strapaziertem Urlaubsbudget. *www.skiregion-oberlungau.at*

„Troadkastn" für die Aufbewahrung der Vorräte. *Juni–Sept. Mi 14–17, So 13–17 Uhr* | *Eintritt 2,20 Euro*

NATURPARK RIEDINGTAL [124 B4] Inside Tipp
Im Naturpark 19 km nordwestlich von St. Michael, am Ende des Zederhaustales, lernen Spaziergänger auf Themenwegen interessante Details aus der Lungauer Fauna und Flora kennen. Im *Gasthaus Königalm (6 Zi.* | *Wald 34* | *Tel. 0664/252 32 97* | *€)* bekommen Sie bodenständige Küche mit Produkten vom eigenen Bio-Bauernhof.

TAMSWEG

[125 E4] **Am Zusammenfluss von Mur, Taurach und Laßnitzbach liegt auf 1024 m die Bezirkshauptstadt mit knapp 5800 Einwohnern.** Auf dem Marktplatz, der von gediegenen Bürgerhäusern und dem Rathaus aus dem 16. Jh. gesäumt ist, herrscht für Lungauer Verhältnisse geschäftiges Treiben. Der Ort ist Ausgangsstation des *Lungauer Tälerbusses* und der *Murtalbahn* (Dampfsonderzüge, Amateurfahrten) über Ramingstein und Murau nach Unzmarkt in der Steiermark *(Busauskunft Tel. 05 17 17* | *www.taelerbus.at).*

■ SEHENSWERTES ■

ST. LEONHARD ★
Im Mittelalter war St. Leonhard (1421–32 errichtet) eine der meistbesuchten Wallfahrtskirchen des Landes. Besonders eindrucksvoll sind die aus der Zeit des Kriegs zwischen Friedrich II. und dem Salzburger Fürsterzbischof stammende Umfriedung (1473) sowie die goldgelb und blau verglasten Fenster.

◼ ESSEN & TRINKEN

KNAPPENWIRT

Gelungene Mischung aus bodenständiger und gutbürgerlicher Küche. *Mo geschl. | Kirchengasse 91 | Tel. 06474/236 90 |* www.knappenwirt.co.at *| €*

◼ ÜBERNACHTEN

GAMBSWIRT

Solider Lungauer Gasthof. Bar und Pub. *30 Zi. | Marktplatz 7 | Tel. 06474/ 23 37 | Fax 23 37 53 |* www.gambswirt.at *| €€*

KOCHER

Frisch renoviertes Gästehaus unter sympathischer Leitung. *10 Zi. | Mitschegasse 456 | Tel. 06474/25 71 | Fax 270 60 |* www.haus-kocher.at *| €*

◼ FREIZEIT & SPORT

Tamsweg ist Ausgangspunkt für eine der schönsten Biketouren des Landes. Die 42 km lange Strecke überwindet insgesamt 1250 Höhenmeter und führt an den *Prebersee* und nach *Lessach*.

◼ AUSKUNFT

TOURISMUSVERBAND TAMSWEG

Kirchengasse 8 | Tel. 06474/21 45 | Fax 21 45 42 | www.tamsweg.at

◼ ZIELE IN DER UMGEBUNG

BURG FINSTERGRÜN ✵ [125 E5]

Imposant steht die Burgruine 8 km südöstlich bei Ramingstein auf 950 m Höhe über der Mur, ebenso imposant ist auch der Blick über das Tal. Zu Beginn des 20. Jhs. wurde neben der Ruine eine Burganlage im mittelalterlichen Stil gebaut. In den 1920er- und 1930er-Jahren war ein feudales Hotel

Ziel für Wallfahrer und Kunstliebhaber: St. Leonhard bei Tamsweg

untergebracht, wo heute die Evangelische Jugend Österreich ein Kinder- und Jugendfreizeitheim betreibt (Übernachtung für jedermann). „Finsterling", der Burggeist, treibt gern sein Unwesen und erschreckt nicht nur Kinder. *Burgführungen Mai–Okt. So–Fr 11, 14 und 15.30 Uhr | Eintritt 7 Euro |* www.burg-finstergruen.at

HOCHOFENMUSEUM BUNDSCHUH [125 D5]

Das heutige Industriedenkmal, 12 km südwestlich von Tamsweg gelegen, ist eine Eisenschmelzanlage aus dem Jahr 1867. Bis 1903 lag im Thomatal das größte Bergbaugebiet des Landes.

Juni und Sept. Mi und So, Juli/Aug. Mi, Fr und So jeweils 10–16 Uhr | Eintritt 3 Euro, 3,50 Euro mit Führung | www.hochofen-bundschuh.at

KRAMETERHOF [125 E5]

Auf dem 9,5 km südöstlich von Tamsweg auf 1500 m Höhe gelegenen Einödhof wurde die bislang einzige funktionierende Permakultur Europas aufgebaut. Hier wird nach der Philosophie gearbeitet, die Natur zu begreifen und nicht zu bekämpfen: *Permanent Agriculture* steht für das harmonische Zusammenleben von Bauer, Pflanzen und Tieren. Neben Fichten und Legföhren wachsen Kirschen- und Marillenbäume, sogar Zitronen- und Kiwibäumchen gedeihen. *Keusching 13 | Seminarangebote | Anmeldung 06475/239 | www.krameterhof.at*

LESSACH [125 E4]

Mit knapp 600 Einwohnern ist Lessach (8 km nördlich von Tamsweg) eines der kleinsten und am höchsten gelegenen Bergbauerndörfer des Landes. Auf dem einmaligen Fried- **Insider Tipp** hof sind alle Gräber mit sogenannten Sarchen (schwarzen Brettern) eingefasst und mit einfachen Kreuzen geschmückt. Damit wird sinnbildlich zum Ausdruck gebracht, dass der Tod weder nach Rang noch nach Namen unterscheidet.

MARIAPFARR [125 D4]

Um ungestört neue Kraft zu tanken, eignet sich der heilklimatische Kurort (2300 Ew., 6,5 km nordwestlich von Tamsweg) allein schon wegen seiner Lage auf 1120 m. Zugleich ist er einer der sonnenreichsten Orte Österreichs. 4,5 km entfernt, im nördlich gelegenen *Göriachtal*, finden sich typische Lungauer Almen.

Ergänzend zu den Erholungsfaktoren, die Sonne und Höhenlage bieten, kann man im *Samsunn Wellness-* **Insider Tipp** *zentrum* die wohltuende Wirkung des Wassers genießen. Moderner und umfangreicher *Spa-Bereich (Winter tgl. 14–22, Sommer Di–Sa 16–21.30*

Auf dem Holzweg in 1500 m Höhe: Landschaftsschutzgebiet am Prebersee

Uhr | Eintritt 13,70 Euro für drei Stunden) mit verschiedenen Saunen und Dampfbädern. Das Hotel *Örglwirt (20 Zi. und 12 Apartments | Pfarrstr. 18 | Tel. 06473/82 07 | Fax 82 07 22 | www.oerglwirt.com | €€)* ist auf Wellness und Fitness spezialisiert und wurde für seine Vollwertküche mit einer grünen Haube ausgezeichnet.

PREBERSEE   [125 E4]

Der Gebirgssee liegt 9,5 km nordöstlich von Tamsweg romantisch auf 1510 m Höhe in einem Landschaftsschutzgebiet. Ende August findet das traditionelle Wasserscheibenschießen statt, wobei das Spiegelbild der Zielscheibe im See anvisiert wird.

RAMINGSTEIN   [125 E5]

Wo vom 15. bis 18. Jh. Silber abgebaut wurde, kann man heute auf einem 900 m langen ⭐ *Stollenlehrpfad (Führungen Mai–Okt. nach Anmeldung | Tel. 0676/344 21 63 | Eintritt 10,50 Euro (nicht für Klein-*

kinder geeignet) | http://members.aon. at/silberbergwerk) den mittelalterlichen Bergbau kennenlernen – in den ursprünglichen Stollen. Besucher erhalten Schutzjacke, Helm und Karbidlampe. Festes Schuhwerk und strapazierfähige Kleidung sind notwendig. *Gasthof Bräu | Mo geschl. | Kirchtratten 70 | Tel. 06475/303 | €. 8 km südöstlich von Tamsweg*

SAUERFELD   [125 E4]

Der kleine Ort, 4,5 km östlich von Tamsweg gelegen, hat eine lange Webtradition zu verzeichnen. So besteht die *Handweberei Pirkner (Führung nach Anmeldung | Tel. 06474/ 62 86)*, gemeinhin als Sauerfelder Weberei bekannt, bereits seit mehr als 600 Jahren. Heute werden hier neben Möbelstoffen vor allem Bauernleinen und Bauernraß (ein Wolle-Leinen-Gemisch) hergestellt.

Die verschiedenen Techniken der Wollverarbeitung können im Salzburger Wollstadl auf dem *Trimmingerhof (Sauerfeld 40 | Mo–Sa nachmittags | Tel. 06474/81 64)* erlernt werden. Dort können Sie auch aus Wolle gefertigte Kleidungsstücke kaufen. Darüber hinaus bietet der Biohof Käse aus Schaf- und Kuhmilch, Schnäpse, Kräutertees und Marmeladen an.

SEETHALERSEE   [125 F4]

Insider Tipp

Micrasterias brachyptera lautet der biologische Name der Zieralge, die bislang außer im Naturschutzgebiet Seethalersee (14 km nordöstlich von Tamsweg) nur bei Himmelberg in Kärnten vorgefunden wurde. Hobbybiologen werden auch von dem Schwingrasenmoor fasziniert sein.

> NATIONALPARK UND DREITAUSENDER

Der Pinzgau, Heimat der Kasnocken, ist die richtige Region für Sportbegeisterte

> **In allen drei Teilen des Pinzgaus, die sich von Zell am See in südwestlicher, nördlicher und südöstlicher Richtung erstrecken, stehen Aktiv- und Erlebnisurlaub ganz oben auf der Angebotsliste.**
Wer Lust auf Abenteuer im Wildwasser hat, kann eine Raftingtour auf der Saalach unternehmen – mit spektakulären Ausblicken auf die majestätisch wirkenden Dreitausender im Abendrot oder auf Bergwiesen, die in der Morgensonne silbrig glänzen.

Oder Sie wandern durch lange Täler und über Almböden bis in die Gletscherregion hinein. Im Pinzgau, dem mit 2640 km² größten der Salzburger Landesteile, bestimmen die Berge nach wie vor das Leben der Bewohner. Die Berge haben nicht nur die Widerstandskraft der Menschen im Trotzen gegen Naturkatastrophen erhöht, sondern auch den Glauben an Traditionen und das Beharren auf Althergebrachtes gefördert.

> *www.marcopolo.de/salzburg*

PINZGAU

LOFER

[116 B6] **Der Ort (1800 Ew.) ist von Wiesen und Bergen umgeben.** Als Knotenpunkt zwischen Salzburg und Tirol erhielt er im 15. Jh. das Marktrecht. Bemerkenswert: die *Pestsäule* von 1564.

■ ESSEN & TRINKEN

ZUR POST

Ein Wirtshaus, wie man es sich wünscht. Hier wird exzellente Pinzgauer Küche serviert. *Do geschl. | St. Martin bei Lofer Nr. 13 (3 km) | Tel. 06588/850 20 | €*

■ ÜBERNACHTEN

BAD HOCHMOOS

Zwischen Lofer und St. Martin gelegenes freundliches Haus, in dem ganzjährig Moorpackungen angeboten werden. *59 Zi. | Hochmoos 3 | Tel. 06588/822 60 | Fax 82 26 23 | www. hochmoos.at | €–€€*

Berauschend: Krimmler Wasserfälle

ein Dorado für Wildwasserfans. Das *Heimatmuseum Kalchofengut (Juli/ Aug. Sa und So 14–18 Uhr | Eintritt 1,50 Euro)* zeigt bäuerliches Kulturgut und archäologische Funde.

WEISSBACH BEI LOFER [116 C6]

Die *Seisenbergklamm* und die *Lamprechtsofenlochhöhlen* (10 km südöstlich von Lofer) werden von Wildwassersportlern und Höhlenliebhabern sehr geschätzt.

MITTERSILL

[121 D3] Die 6500-Einwohner-Gemeinde ist der größte Ort des Oberpinzgaues. Schon zur Römerzeit führte ein Saumweg über den Felbertauern nach Norden. Die Marktprivilegien besaß der Ort seit 1403. Die prächtigen Bürgerhäuser mussten vielen Hochwasserfluten der Salzach widerstehen.

■ SEHENSWERTES ■

FELBERTURM

Im Wehrturm aus dem 12. Jh. wurde 1969 ein Regionalmuseum mit der vielseitigsten und größten Sammlung aus der Nationalparkregion eingerichtet. *Mitte–Ende Mai und Okt. Sa und So 13–17 Uhr, Juni–Sept. Di–Fr 10–17 Uhr, Sa und So 13–17 Uhr | Eintritt 3,50 Euro*

NATIONALPARKZENTRUM HOHE TAUERN ★

Die Erlebnisausstellung *Nationalparkwelten* führt die Besucher in acht interaktiv gestalteten Naturräumen durch die faszinierende Landschaft des Nationalparks Hohe Tauern. Wer Lust aufs Wandern im Hochgebirge bekommt und sich in Begleitung

■ AUSKUNFT ■

SALZBURGER SAALACHTAL TOURISMUS
St. Martin bei Lofer | Kirchentalstr. 47 | Tel. 06588/85 27 | Fax 852 74 | www.salzburger-saalachtal.com

■ ZIELE IN DER UMGEBUNG ■

UNKEN [116 B5]

In der Umgebung des kleinen Ortes (1900 Ew., 9 km nordöstlich) finden sich spektakuläre Schluchten wie *Innersbach-* und *Schwarzbergklamm*.

eines Rangers sicherer fühlt, kann die Begleitung hier buchen. *Tgl. 9–18 Uhr | Gerlosstr. 18 | Eintritt 8 Euro | www.nationalparkzentrum.at*

ESSEN & TRINKEN
BRÄURUP
Typischer Gasthof mit Gewölben und Gastgarten. Eigene Brauerei, Hausmannskost und internationale Gerichte. *Tgl. | Kirchgasse 9 | Tel. 06562/62 16 | www.braurup.at | €€*

ÜBERNACHTEN

Insider Tipp

FELBEN
Kinderfreundliches Hotel am Ortsrand von Mittersill mit Biobauernhof und komfortablen Zimmern. *44 Zi. | Felberstr. 51 | Tel. 06562/44 07 | Fax 44 07 72 | www.felben.at | €€–€€€*

Insider Tipp

SCHWAIGERLEHEN-BERNGARTEN
Ein Bauernhaus aus dem 15. Jh., liebevoll von der charmanten Gastgeberin geführt, die auch eine vorzügliche Köchin ist. Rauchküche mit offenem Feuer. Zur Dusche geht's allerdings über die Stiege. 4 km vom Ortskern entfernt. *5 Zi. | Stuhlfelden Nr. 14 | Tel. 06562/51 18 | Fax 06562/51 18 | €*

FREIZEIT & SPORT
Paragliding *(www.flugschule-pinzgau. at)*, Golfclub Mittersill-Stuhlfelden *(Tel. 06562/57 00)* mit 18-Loch-Anlage, Fischen (Fliegenfischerschule: *Gasthof Bräurup | Tel. 06562/62 16*). Mittersill ist Ausgangspunkt für Trekking-, Bike- und Radtouren.

AUSKUNFT
TOURISMUSVERBAND
Marktplatz 4 | Tel. 06562/42 92 | Fax 50 07 | www.mittersill.at

ZIELE IN DER UMGEBUNG
HOLLERSBACH   [120 C3]
Der 5 km westlich von Mittersill gelegene Ort hat 1200 Einwohner. Seit 1986 baut Yves Rocher auf 1,5 ha Fläche jährlich etwa 2,5 t Kräuter an, u.a. Ringelblumen, Malven und Arnika. Für Gartenliebhaber ein Muss ist der *Botanische Garten* mit über 700 Kräuterarten. *Erholungshotel Kaltenhauser | 28 Zi. | Hollersbach 17 | Tel. 06562/811 70 | Fax 81 17 50 | www.kaltenhauser.com | €–€€*

KRIMML   [120 B4]
Der Luftkur- und Wintersportort (880 Ew., 26 km südwestlich) lag jahrhundertelang abgeschieden am Ende des Salzachtales. Seit 1962 verbindet die Gerlospassstraße Krimml mit dem Zillertal in Tirol. Die ★ *Krimmler Wasserfälle (April–Okt. | übrige Jahreszeit auf eigene Gefahr | Eintritt*

MARCO POLO HIGHLIGHTS

★ **Nationalparkzentrum Hohe Tauern**
Alpine Wunderwelt, die dazu animiert, die grandiose Natur im Nationalpark Hohe Tauern zu erleben: das zentrale Informationszentrum für den Salzburger Teil des Nationalparks Hohe Tauern (Seite 88)

★ **Krimmler Wasserfälle**
Der höchste Wasserfall Mitteleuropas (Seite 89)

★ **Großglockner Hochalpenstraße**
Das kühne Straßenbauwerk führt (fast) auf Österreichs höchsten Berg (Seite 95)

Blick auf den idyllischen Ort Rauris

2 Euro) stürzen in drei Stufen 380 m
ins Tal. Sie ziehen seit dem 18. Jh.
Besucher an.

Krimml ist Ausgangspunkt für
Bergtouren in die Venediger- und
die Reichenspitzgruppe(Zillertaler
Alpen). In der *Wasser-Wunder-Welt
(Mai–Okt. tgl. 9.30–17 Uhr | Eintritt
7 Euro)* am Fuß der Wasserfälle wird
das Element Wasser illustrativ und
informativ begreifbar gemacht. Hotel:
*Landhaus Rosengartl | Oberkrimml
106 | Tel. 06564/75 56 | Fax 75 56 16 |*
landhaus-rosengartl@aon.at | €.
Auskunft: *Tourismusverband Krimml
| Tel. 06564/723 90 | www.krimml.at*

NEUKIRCHEN AM
GROSSVENEDIGER   [120 B4]

Richtig bekannt ist der Ort (2600
Ew., 17 km südwestlich) seit der
Erstbesteigung des Großvenedigers
(3666 m) 1841. Er ist Ausgangspunkt
für Wanderungen in die *Sulzbachtäler*
und in das *Habachtal,* eine der wenigen Smaragdfundstellen Europas. Im
Winter herrscht Skizirkus auf dem
Wildkogel (2225 m). Auf dem Weg
zum Museum im Schloss Hohen-
neukirchen liegt das Veranstaltungs-
und Kulturzentrum *Kammerlander-
stall (Kulturverein Tauriska | www.
tauriska.at).*

Das historische *Kupferbergwerk
Hochfeld (Führungen Mitte Mai bis
Juni Mo–Fr 11–13 Uhr, Juli–Sept.
Mo–Fr 10.30–14.30, Sa/So 11–13
Uhr, Sept.–Mitte Okt. Mo–Fr 12 bis
13 Uhr | Eintritt 11 Euro | Zufahrt mit
Nationalparktaxi | Tel. 06565/63 96)*
ist eines der originellsten und größten
Schaubergwerke (mit 1200 m langem
Stollen). Festes Schuhwerk und war-
me Kleidung sind unbedingt erfor-
derlich.

UTTENDORF   [121 D3]

Die Gemeinde (2800 Ew., 8 km östlich) am Ausgang des Stubachtales
war bereits in der Bronzezeit ein
Siedlungsplatz. 500 Urnengräber
wurden hier aus der Hallstattzeit gefunden. Im Mittelalter war Uttendorf,
so wie viele andere Gemeinden, ein
Ausgangsort für die Alpenüberque-
rung durch Salztransporteure, soge-
nannte Säumer.

Die *Skiwelt Weißsee (Tel. 06563/ 20 15 00 | Fax 201 50 20 |)* bietet sich als hochalpines Erlebnis für die ganze Familie an: Dort locken 20 km gut präparierte Pisten auf 1480 bis 2650 m Höhe.

RAURIS

[122 C4] Der Hauptort (3100 Ew.) des idyllischen Rauriser Tales lässt noch etwas vom Flair der vergangenen Goldgräberzeit spüren. Bei den *Rauriser Literaturtagen* im März finden sich Dichter und Schriftsteller zu Lesungen in Wirtshäusern und Bauernstuben ein.

ESSEN & TRINKEN
ANDRELWIRT
Der über 500 Jahre alte Gasthof ist bei Gästen und Einheimischen beliebt. Gute, bodenständige Küche. *Tgl. | Wörth | Dorfstr. 19 | Tel. 06544/64 11 | www.rauris.net/andrelwirt | € €€*

ÜBERNACHTEN
PINZGAUER HOF
Familiengasthof mit Bauernhof. Es gibt Ponys, Kleintiere und eine Heuhütte. *12 Zi. | Hundsdorfstr. 10 | Tel. 06544/63 83 | Fax 638 35 | www.pinzgauerhof.com | €*

ST. HUBERTUS
Gut ausgestattetes Sporthotel, die Talstation der Hochalmbahnen liegt vor der Tür. *50 Zi. | Liftweg 4 | Tel. 06544/649 70 | Fax 64 97 60 | www.rauris.org | €€*

FREIZEIT & SPORT
GOLDWASCHEN
Der Goldbergbau im Rauriser Tal hat große Tradition. An den drei Goldwaschplätzen *Bodenhaus*, *Heimalm* oder *Sportalm* werden Sie mit fachkundiger Anleitung schnell zum richtigen „Schatzsucher". *Auskunft: Tourismusverband Rauris | Tel. 06544/ 200 22 | www.raurisertal.at*

AUSKUNFT
RAURIS TOURISMUS GMBH
Kirchplatz 1 | Tel. 06544/200 22 | Fax 200 22 60 30 | www.raurisertal.at

ZIEL IN DER UMGEBUNG
KOLM-SAIGURN
[122 C5]
Wo bis Anfang des 20. Jhs. nach Gold geschürft wurde, führt ein Rundwanderweg an alten Stollen und Knappenhäusern vorbei (Aufstieg 4 Std.).

>LOW BUDGET

> *Rudolfshütte:* Ideales Hotel für berg- und sportbegeisterte Familien auf 2315 m fast am Rand des Weißseegletschers. Indoor-Kletterwand, Hallenbad und vieles mehr. Günstige Pauschalangebote. *72 2- und 4-Bett-Zimmer, Hüttenschlafräume | Tel. 06563/822 10 | Fax 82 21 59 | zu erreichen mit der Weißsee-Seilbahn | www.rudolfshuette.at*

> ❅ *Beim Naglbauer* wohnt man sehr günstig und hat eine unbezahlbare Fernsicht. Ausgangspunkt für Wanderungen, im Winter liegt der Funpark Nagelköpfel vor der Haustür, zur Europa-Sportregion Zell am See-Kaprun ist es nur ein Katzensprung. Doppelzimmer im Sommer ab 42 Euro, im Winter ab 58 Euro. *3 Zi. und eine Ferienwohnung | Rohrerberg 36 | Piesendorf | Tel. 06549/75 57 | Fax 755 74 | www.naglbauer.at*

Die kleine Siedlung ist Ausgangspunkt für Touren auf den *Sonnblick* (3105 m) mit der ältesten Gipfelwetterwarte der Alpen. *20 km südlich*

SAALBACH-HINTERGLEMM

[121 E2] Saalbach(3000 Ew.) zählt mit Hinterglemmzu den beliebtesten Skiregionen Österreichs. Und das liegt nicht zuletzt am hohen Spaßfaktor beim Après-Ski. 55 Seilbahn- und Skiliftanlagen führen zu 200 km Pisten.

■ ESSEN & TRINKEN

WINTERGARTEN

Hotelrestaurant mit internationaler und gehobener österreichischer Küche. *Tgl. | Oberdorf 38 | Tel. 06541/ 71 51 | www.neuhaus.co.at | €€–€€€*

■ ÜBERNACHTEN

ALPINE PALACE

Für Luxusfans: mit großzügiger Wellnesslandschaft und Card-Casino. Stilvolles, gemütliches Ambiente. *120 Zi. | Reiterkogelweg 169 | Tel. 06541/ 63 46 | Fax 634 66 69 | www.hotel-alpine-palace.com | €€–€€€*

DER UNTERSCHWARZACHHOF

Das ehemalige Jagdhaus des Salzburger Erzbischofs bietet familiäre Atmosphäre, edles Interieur und Alpen-Spa. *18 Zi. und 20 Suiten | Schwarzacherweg 40 | Tel. 06541/ 66 33 | Fax 66 33 25 | www.unter schwarzach.at | €€–€€€*

■ AM ABEND

Zum Après-Ski laden zahlreiche Bars und Diskos ein, wie z.B. der *Tanz-*

himmel, die *Lichtung*, das *Stamperl* und *Bauer's Schi-Alm*. In Hinterglemm [121 D2] haben *Goaßstall*, die *Schirmbar*, ▶▶ *Hexenhäusl* und *Pfiff* bis weit nach Mitternacht geöffnet.

■ AUSKUNFT

TOURISMUSVERBAND SAALBACH-HINTERGLEMM

Glemmtaler Landesstr. 550 | Tel. 06541/68 00 68 | Fax 68 00 69 | www. saalbach.com

SAALFELDEN

[122 B2] Die junge Stadt (15 200 Ew.) hat als Einkaufszentrum des Pinzgaus das gesamte Jahr über Saison. Zum Jazzfestival Ende August geben sich internationale Stars ein Stelldichein.

■ SEHENSWERTES

PINZGAUER HEIMATMUSEUM

Im Schloss Ritzen fasziniert neben dem Biberhirsch, einer keltischen Plastik aus dem 1. Jh. v. Chr., vor allem die Krippenschau. *Juli–Sept. Di–So 11–17 Uhr, Okt., Dez., Jan, Feb., Mai und Juni Mi, Sa und So 14–17 Uhr | Eintritt 3,30 Euro*

■ ESSEN & TRINKEN

SCHATZBICHL

Hier wird mit fast ausschließlich heimischen Produkten die Pinzgauer Küche weiterentwickelt. *Mi und Do geschl. | Ramseiden 82 | Tel. 06582/ 732 81 | www.schatzbichl.at | €€€*

STOCKWERK

Cool, trendig und gemütlich. Auch das, was aus Küche und Keller kommt, überzeugt. *Tgl. | Loferer Str. 15b | Tel. 06582/707 13 | €€*

◼ EINKAUFEN

Eine Quelle für gute und ausgefallene Schnäpse ist die Edelbrennerei von Siegfried Herzog. *Breitenbergham 5 | www.herzogschnaps.mgfb.at*

◼ AUSKUNFT

SAALFELDEN-LEOGANG-TOURISTIK
Bahnhofstr. 10 | Tel. 06582/706 60 | Fax 753 98 | www.leogang-saalfel den.at

Erst zur Schussfahrt, dann zum Après-Ski: Saalbach-Hinterglemm

◼ ÜBERNACHTEN

GASTHOF OBERBIBER ☙

Sehr gepflegtes Haus, familiäre Atmosphäre, etwas außerhalb. Mit Sauna. *20 Zi. | Kehlbach 2 | Tel. 06582/ 741 50 | Fax 74 15 02 | www.tiscover. at/oberbiberg | €*

◼ AM ABEND

Im ▶▶ *Kunsthaus Nexus* haben Musik und bildende Kunst ein Präsentations-Zuhause gefunden; hier gibt's auch ein cooles Café. Einheimische treffen sich gern im *Knast.* Daneben locken Bars, Pubs und Tanzcafés.

◼ ZIEL IN DER UMGEBUNG

LEOGANG [122 A1–2]

Wo früher die Knappen im Bergwerk schufteten, liegt der Erholungs- und Funfaktor heute weit über dem Durchschnitt des Landes. Die 7 km westlich von Saalfelden gelegene Gemeinde (3000 Ew.) umfasst viele kleine Ortschaften. Die Gegend ist wie geschaffen zum Wandern, Radfahren und Biken *(www.bikepark-leogang.com). Bergbaumuseum* und *Schaubergwerk (www.schaubergwerk-leogang.com)* geben Einblick in die Arbeitswelt von gestern.

Hotel: *Krallerhof (100 Zi. und 21 Luxussuiten | Tel. 06583/824 60 | Fax 82 46 85 | www.krallerhof.com | €€–€€€)* mit Schwimmbad, elegantem Spa und einem großzügigen Kinderbetreuungsbereich mit Kino.

Insider Tipp

ZELL AM SEE

[122 A–B3] **Der Hauptort des Pinzgaus (10 000 Ew.) trägt das Prädikat Bergstadt völlig zu Recht.** Zum einen schmiegen sich die Häuser zwischen See und Schmittenhöheeng aneinander, zum anderen grüßen von Westen das Kitzsteinhorn, von Osten das Steinerne Meer, und im Rücken liegen die Pinzgauer Grasberge. Einen großen Aufschwung brachte 1875 die Inbetriebnahme der Westbahn (Wien–Innsbruck) und 1898 die der *Pinzgauer Lokalbahn*, die im Einstundenrhythmus nach Mittersill fährt. *Dampfnostalgiezug zu den Krimmler Wasserfällen: Ende Mai–Anfang Okt. jeden So, Juli/Aug. auch jeden Do | Tel. 0662/44 80 15 00 | www.pinzgauerlokalbahn.at*

SEHENSWERTES

STADTMUSEUM

Der Kastner- oder Vogtturm am Stadtplatz aus dem 10. Jh. war ehemals Getreidespeicher und ist jetzt Museum mit über 2500 Exponaten. *Weihnachten–Ostern Mi–Fr 13.30–17.30 Uhr, Mai–Mitte Okt. Mo, Mi und Fr 13.30–17.30 Uhr | Eintritt 2,50 Euro*

ESSEN & TRINKEN

SCHLOSS KAMMER

Traditionsreiches Landgasthaus in einem Gutshof, großes Angebot an heimischen Gerichten. *Hauptsaison tgl., Zwischensaison Mo geschl. | 5,5 km vom Zentrum in Maishofen | Kammererstr. 22 | Tel. 06542/68 20 20 | www.schlosskammer.at* | €€

SONNBERG

Insider Tipp

Elegantes Restaurant mit guter internationaler und regionaler Küche.

Kraftwerk mit atemberaubender Aussicht: am Kapruner Stausee

Grandioser Blick auf See und Bergwelt. *Winter tgl., sonst Mi geschl.* | *Sonnbergstr. 57* | *Tel. 06542/721 84* | *www.der-sonnberg.at* | €€€

■ ÜBERNACHTEN ■

HAGLEITNER

Familienhotel, das zu den besten Österreichs zählt. *Karl-Flieher-Str. 1–3* | *Tel. 06542/571 87* | *Fax 561 95* | *www.hotelhagleitner.at* | €€€

LIVING MAX

Lässig-luxuriöses Designhotel mit Wellness- und Kinderangebot sowie Weinbar. *40 Zi.* | *Hafnergasse 4* | *Tel. 06542/723 03* | *Fax 72 30 33* | *www.livingmax.at* | €€

Insider Tipp MAVIDA

Wohltuend hebt sich das sehr gut geführte Design- und Spahotel vom regional üblichen Landhotelstil ab. Die Ausstattung ist reduziert und anspruchsvoll, mit heimischen Materialien wie Holz und Stein. *47 Zi.* | *Kirchenweg 11* | *Tel. 06542/54 10* | *Fax 541 05 67 60* | *www.mavida.at* | €€€

■ FREIZEIT & SPORT ■

Eine Seilbahn führt auf die ☀ *Schmittenhöhe (www.schmitten.at)*, den 1968 m hohen Hausberg der Zeller und Ausgangspunkt für eine Wanderung über die Pinzgauer Grasberge. Das klare Wasser des Zeller Sees lädt zum Schwimmen, Surfen und Segeln ein oder zu einer Bootstour ans Südufer nach *Thumersbach*.

■ AM ABEND ■

In der ▶▶ *Pinzgauer Diele* geht es hoch her, ebenso in der coolen *Rockbar,* im *B17-Hangar* oder im *Insider.*

Die *Karambar* am Schlossplatz wird wegen der Riesenauswahl an Cocktails sehr geschätzt. Fans von Blues, Rock und Reggae zieht es in den *Hirschenkeller.* Die ☀ *Wunderbar* Insider Tipp auf dem Dach des Grand Hotels trägt ihren Namen, was Atmosphäre und Aussicht betrifft, völlig zu Recht.

■ AUSKUNFT ■

FREMDENVERKEHRSVERBAND ZELL AM SEE

Brucker Bundesstr. 1a | *Tel. 06542/770* | *Fax 720 32* | *www.zellamsee.at*

■ ZIELE IN DER UMGEBUNG ■

GROSSGLOCKNER HOCHALPENSTRASSE   [122 A–B 4–5]

★ Die Straße von 1935 verläuft auf 1500 Höhenmetern durch alle Vegetationszonen von der Wiese bis fast zum Gletscher. Ausstellungen entlang der Straße informieren über Geschichte und Landschaft. Um zur Hochalpenstraße zu gelangen, biegen Sie in Bruck [122 A3] von der Salzachtal-Bundesstraße ab. Nach 7,5 km erreichen Sie Fusch, wo die Straße beginnt; weitere 14 km südlich befindet sich die Mautstelle Ferleiten*(Tageskarte 28 Euro* | *Wintersperre Nov.–April).* Die gesamte Strecke beträgt 48 km (inkl. Berg- und Talfahrt). *www.grossglockner.at*

KAPRUN   [122 A3]

Der 7 km südwestlich gelegene Ort (2900 Ew.) ist durch den Bau der Kraftwerksgruppe *(www.verbund.at)* und der Gletscherbahnen *(www.kitzsteinhorn.at)* auf das *Kitzsteinhorn* (Bergstation 3029 m) zu einem Vorzeigekind des österreichischen Wirtschaftswunders mit Ganzjahres-Skibetrieb geworden.

> ÜBER BERG UND TAL

Wandern Sie von Alm zu Alm im Großarltal, oder radeln Sie von See zu See im Flachgau

Die Touren sind auf dem hinteren Umschlag und im Reiseatlas grün markiert

1 ZU BESUCH BEI SENNER UND SENNERIN

Die dreitägige Rundwanderung führt über einen Abschnitt des Salzburger Almenweges mit Start- und Zielpunkt im Großarltal. Auf der ersten Tagesetappe (ca. 16 km) gilt es 1000 Höhenmeter in ca. 7,5 Stunden zu überwinden, danach geht es parallel zum Berg weiter (zweite Etappe ca. 10 km in 4 Stunden, dritte ca. 5 Stunden). Als Wegweiser dient das Emblem des blauen Enzians, einer geschützten Pflanze. Gutes Schuhwerk ist ebenso wichtig wie Regenschutz und Wasserflasche. Darüber hinaus reicht das Notwendigste zum Übernachten auf den gut ausgestatteten Hütten. *www.salzburger-almenweg.at*

Die Wanderung beginnt in **Hüttschlag** (1000 m) im hinteren Großarltal. Von dort geht es auf der Straße taleinwärts, bis sich vor Karteis die Straße gabelt und links ein Fußweg abzweigt. Dieser Weg führt zur Hal-

> www.marcopolo.de/salzburg

AUSFLÜGE & TOUREN

moosalm und weiter über die **Karteisalm** (1661 m) und die **Tappenkarseehütte** (1825 m) zum **Tappenkarsee**, der an manchen Stellen bis zu 100 m tief ist und zu den größten und höchstgelegenen Bergseen in den Alpen zählt. Nach einer gemächlichen Strecke entlang des Sees und einer Rast bei der **Tappenkarseealm** (gute Küche) beginnt der Anstieg zum **Draugsteintörl** (2090 m), der höchsten Stelle dieser Tageswanderung, deren Ziel die

Draugstein auf 1778 m sind *(Schrambachhütte: Tel. 06417/274 | Steinmannhütte: Tel. 06417/265 | jeweils Mitte Juni–Sept.).*

Am nächsten Tag geht es zuerst an der Südwestflanke des  **Draugsteins** (2358 m) vorbei. Da die Gesamtgehzeit am zweiten Tag nur vier Stunden beträgt, ist ein Abstecher auf den Draugstein möglich. Noch dazu, weil für Auf- und Abstieg kaum mehr als eineinhalb Stunden zu veranschlagen sind. Nach dem Filzmoossattel verläuft der Weg kontinuierlich 350 Höhenmeter zur Filzmoosalm (1710 m) hinunter und weiter zur großzügig ausgebauten Loosbühelalm, die auf 1767 m liegt. Bevor mit der Ellmaualm *(Mitte Juni–Sept. | Tel. 06414/405 oder Tel. 0664/43 50 49 49)* das Etappenziel des Tages erreicht ist, führt der Weg

Insider Tipp

an der *Weißalm* vorbei. Diese Almhütte ist noch im ursprünglichen Zustand erhalten, es gibt viele Gegenstände und Werkzeuge zu sehen.

Die Etappe des dritten Tages führt von der Ellmaualm größtenteils über einen ❄ Höhenweg mit beeindruckenden Ausblicken auf die Hohen Tauern mit der Glocknergruppe, auf den Hochkönig und auf das Tennengebirge. Einzig der Abschnitt von der Hennerbichlalm (1825 m) zum Kartörl auf 1911 m geht etwas steiler hinauf. Von der Kleinwildalm beginnt der Abstieg zur Großwildalm (1779 m) und

Insider Tipp

weiter zur *Karseggalm* auf 1603 m, wo es zur Jause selbst hergestellten

Käse und hausgemachte Würste gibt. Zum Übernachten stehen Strohlager über der Küche bereit. Mit einem phantastischen Blick ins Großarltal beginnt der Abstieg zur Unterwandalm und weiter ins Tal hinunter. Die erste Haltestelle des *Wandertaxis (Tel. 06414/281)* ist bei der Sonneggbrücke (1139 m).

2 MIT MOZART IN DIE SALZBURGER SEENWELT

🚴 **Besser als mit dem Rad lässt sich die liebliche Landschaft des nördlichen Flachgaus nicht erleben. Die Gesamtstrecke beträgt gut 100 km und führt von Salzburg an den Wallersee und die Trumer Seen. Zurück geht's über die typischen Flachgauer Hügel an die Salzach und weiter nach Oberndorf. Bei entsprechender Kondition können Sie diese Tour an einem Tag schaffen. Zum Einkehren und Übernachten gibt es an der gesamten Strecke gemütliche Gasthöfe. Die Tour ist sehr gut ausgeschildert und auch für Kinder geeignet.**

Kostbar ausgestattete Wallfahrtskirche aus dem 17. Jh: Maria Plain

Badezeug sollten Sie keinesfalls vergessen. Wenn Sie klassische Musik mögen, lassen Sie sich über den Kopfhörer von Mozart begleiten.

Sie starten in der Stadt Salzburg (S. 30) am Makartplatz gegenüber dem Mozart-Wohnhaus, fahren bis zum Makartsteg und biegen dann rechts ab. Flussabwärts geht's die Salzach entlang in nördlicher Richtung. Vor der Autobahnbrücke biegen Sie rechts ab und fahren den Alterbach und die Samstraße entlang. Linker Hand sehen Sie die Wallfahrtskirche Maria Plain (S. 41) – hier wurde 1774 Wolfgang Amadeus Mozarts Krönungsmesse uraufgeführt. Ziemlich geradeaus geht es über Wiesen und Felder bis Eugendorf, wo ein Blick in die Pfarrkirche zum hl. Martin mit der Kreuzigungsgruppe von Meinhard Guggenbichler lohnt.

Hinter der Kirche, beim Kriegerdenkmal, zweigen Sie rechts ab und fahren weiter in Richtung Henndorf. Biegen Sie in die Feldgasse ein (lassen Sie sich von dem Sackgassenschild nicht irritieren), und fahren Sie weiter nach Eugenbach bis zur Kreuzung Schamingstraße, dann unter der Bundesstraße hindurch und über Schaming nach Unzing. Sie fahren an der Kirche vorbei und folgen dem Hinweisschild nach Henndorf (S. 47). Sie verlassen Henndorf in Richtung Berg und kommen über Haslach und Wertheim zum Schloss Sighartstein (nicht öffentlich zugänglich), wo auch der junge Mozart den einen oder anderen Auftritt hatte.

In Neumarkt am Wallersee (S. 48) verlassen Sie das Ortszentrum in Richtung Köstendorf (S. 48). In dem kleinen, hübschen Bauerndorf überqueren Sie die Vorfahrtstraße und biegen in die Notar-Vogel-Straße ein. In Fischachmühle machen Sie Halt und unternehmen einen kurzen, erfrischenden Abstecher zur Tiefsteinklamm. Weiter geht es über Schleedorf (S. 51) und Paltingmoos nach Unternberg, vorbei an den unter Naturschutz stehenden Egelseen.

Bevor Sie auf der Landstraße nach Mattsee (S. 48) fahren, werfen Sie einen Blick auf die Trumer Seen, die Mattsee samt Schloss und dem höchsten Kirchturm der Umgebung umschließen. Auf der Terrasse des Schlosscafés (Sept.–Juni Mi geschl. | Schlossberg 1) lässt sich gut ausruhen – bei kleinen Gerichten, hausgemachten Kuchen und herrlicher Aussicht auf den See.

Gestärkt verlassen Sie Mattsee in östlicher Richtung und radeln zwischen den beiden Seen, bis Sie links zum Grabensee, einem der wärmsten Seen Österreichs, abbiegen. Kurz nach zwei Holzbrücken geht es dann in Richtung Seeham (S. 51) und Obertrum (S. 51) am Nordufer des Obertrumer Sees entlang. Von Obertrum führt der Weg in westlicher Richtung über Oberbichl bis nach Anthering. Dort nehmen Sie den Weg durch die Au zur Salzach, bis Sie auf den Tauernradweg stoßen. Diesem folgen Sie in nordöstlicher Richtung bis Oberndorf.

Im Heimatmuseum Bruckmannhaus (tgl. 9–16 Uhr | Eintritt 2,50 Euro) wird neben der Ortsgeschichte über das Lied „Stille Nacht, heilige Nacht" berichtet, das hier 1818 uraufgeführt wurde. Auf der anderen Seite der Salzach liegt das bayerische Städtchen Laufen, das bis 1816 zu Salzburg gehörte.

Insider Tipp

EIN TAG IM SALZBURGER LAND

Action pur und einmalige Erlebnisse.
Gehen Sie auf Tour mit unserem Szene-Scout

KUGELRUND

8:00

Kaum ist die Sonne aufgegangen, geht's im wahrsten Sinne des Wortes rund! Der Kick heißt *Zorbing*. Mit etwa 30 Sachen rollt der Zorbonaut in einem mit dicken Luftpolstern ausgestatteten Mega-Flummi den 200 m langen Hang hinunter. 35 Sekunden, die es in sich haben! **WO?** *Fun & Pro, direkt beim Space-Jet, Flachau* | Tel. 06457/2162 | www.fun-pro.com | Kosten: 22 Euro

KAFFEE UND KUCHEN

9:00

Nach so viel Action gibt es nun ein stärkendes Frühstück: Im *Café Elisabeth* direkt im Gebäude der Bergbahnen Flachau gönnen sich Naschkatzen am besten einen der selbst gemachten Kuchen. Wer es deftiger mag, bestellt ein klassisches Frühstück. Bei schönem Wetter im Garten Platz nehmen und das Panorama genießen. **WO?** *Flachauer Str. 159, Flachau* | Tel. 0664/394 00 01

SEGELSTUNDE

10:30

Ab aufs Wasser. Wer schon immer davon geträumt hat, mit dem Segelboot den Wolfgangsee zu erkunden, ist bei *Sport Raudaschl* genau richtig. Während des Einzelunterrichts geht der Segellehrer auf die individuellen Wünsche ein. Sowohl Anfänger als auch Fortgeschrittene können hier einiges lernen. **WO?** *Sportcamp Raudaschl, Ried 25, St. Wolfgang,* | Tel. 06138/2916 | Kosten: ab 55 Euro/Std. | www.sportraudaschl.at

NASCHEN ERLAUBT

13:00

In 30 Autominuten ist der Delikatessenladen *Scio's Specereyen* in Salzburg erreicht. Gut, denn es ist Mittag und der Magen knurrt. Scampis auf Risotto bekämpfen den ersten Hunger, bevor das Highlight auf die Teller kommt: die hausgemachten Pralinen Venusbrüstchen, die herrlich nach Maronen und Nougat schmecken und eine Sünde wert sind. **WO?** *Sigmund-Haffner-Gasse 16* | Tel. 0662/84 16 38 | www.stranzundscio.com

24h

DO IT YOURSELF 14:30

Ab ins *MdM* – im *Museum der Moderne* kommen nicht nur zeitgenössische Künstler, sondern auch die Besucher zum Zug. Zu jeder Sonderausstellung gibt es einen begleitenden Workshop – Malen, Fotografieren, Diskutieren. Anrufen, Programm erfragen und vorher anmelden! **WO?** *Wiener-Philharmoniker-Gasse 9 | Kosten: ca. 5 Euro | Tel. 0662/842 22 03 51 | www.museumdermoderne.at*

16:30 RUNDGANG MIT MOZART

Mit Mozartdurch die Stadt spazieren? Kein Problem: Er begleitet einen per iGuide, einem virtuellen Mini-Stadtführer mit Computerdisplay, zu über 30 Stationen. Spaßfaktor: historische Aufnahmen und Geräusche, die das alte Salzburg wieder aufleben lassen. **WO?** *Information am Mozartplatz 5 | Dauer: 90 Min. | Kosten: ab 7,50 Euro | www.salzburg.info*

FINGERFOOD 20:00

Beef Tatar mit Erdäpfelpüree und Rucola im Kartoffel-Cone: Dieses und ähnliche Gerichte stehen auf der Karte des Restaurants *Carpe Diem Finest Fingerfood*. Die leckeren Speisen richtet Chefkoch Franz Fuiko in einer „Tüte" an, die an eine Eiswaffel erinnert und mit den Händen gegessen wird. Doch nicht nur das Essen ist im Carpe Diem ein Erlebnis: Jeden Dienstag gibt es Entertainment vom Feinsten. **WO?** *Getreidegasse 50, Salzburg | Tel. 0662/84 88 00 | www.finestfingerfood.com*

23:00 DIE NACHT ROCKT

Ab ins *Half Moon*. Der Club ist Lounge, Bar und Disko in einem – hält also für jeden das Passende bereit. Tipp: anfangs einen Drink an der Bar holen und dann die drei Bereiche erkunden. Mit Sicherheit wird der Abend auf der Tanzfläche enden, denn die Partys im Half Moon sind legendär. **WO?** *Gstättengasse 4–6, Salzburg*

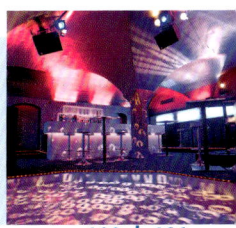

> EIN ELDORADO FÜR SPORTLER

Ob im Wasser oder auf den Bergen – das Salzburger Land und das Salzkammergut sind für Aktivurlauber unwiderstehlich

> **Das Salzburger Land und das Salzkammergut lassen Sportlerherzen höher schlagen. Besonders attraktiv ist die einmalige Verbindung von Hochgebirge und sanftem Alpenvorland.**

Es gibt kaum etwas, was es nicht gibt: extreme Berg- und Klettertouren, Gletscherwanderungen, Rafting, Canyoning, Hydrospeed, Mountainbiking, Trekking, Radeln an Flüssen und Seeufern, Paragliding und Sportfliegen; nicht zu vergessen Schwimmen, Segeln, Rudern, Angeln, Golfen und Reiten. Vom Skifahren nicht zu reden, ob im Wedel- und Carvingstil, mit dem Snowboard oder einem trendigen Funsportgerät. Ein dichtes Netz bestens ausgeschilderter Rad- und Wanderwege führt zu Aussichtspunkten, idyllischen Rastplätzen, Alm- und Schutzhütten. Für alle Sportarten, die nicht allein unternommen werden dürfen, stehen erfahrene Führer und Begleiter zur Verfügung.

> *www.marcopolo.de/salzburg*

SPORT & AKTIVITÄTEN

■ FLIEGEN & PARAGLIDING ■

Die *Alpine Segelflugschule Zell am See* bietet Motor- und Segelfluglehr-gänge an: *Kapruner Str. 15 | Tel. 06542/572 25 | Fax 57 22 55 | www. flugschule-zellamsee.at*

Weniger aufwendig lässt sich die Lust zu fliegen mit dem Paraglider realisieren: *Flugschule Austria Fly | Mühlbach am Hochkönig | Proneben-gut 22 | Tel. 0664/44 20 02 | www. austriafly.at*

■ GOLF ■

Im Salzburger Land und im Salz-kammergut gibt es über 15 Golf-plätze. Der älteste liegt bei Schloss Klesheim, vor den Toren der Stadt Salzburg, einer der größten mit zwei 18-Loch-Championship-Courses be-findet sich in der Europa-Sportregion Zell am See-Kaprun.

Weitere ausgewählte Plätze inmit-ten der Hohen Tauern: Bad Gastein, Goldegg, Mittersill, St. Michael im

Lungau – oder vor der Tauernkulisse: Henndorf, Bad Ischl und Mondsee.

Infos: *Österreichischer Golf-Verband | Wien | Marxergasse 25 | Tel. 01/50 53 24 50 | Fax 505 49 62 | www. golf.at*

■ RADFAHREN & MOUNTAINBIKING

Der ★ *Tauernradweg* führt von Krimml über das Salzach- oder Saalachtal bis in die Stadt Salzburg, von dort weiter bis zur Innmündung und nach Passau. Die Gesamtstrecke beträgt 330 km bei einem Höhenunterschied von etwa 700 m.

Im Lungau führen idyllische, flache Radwege auf einer Länge von 170 km durch Wiesen und Wälder. Für Trekkingfahrer ist der *Murradweg* angelegt, die Gesamtstrecke von 365 km wird auf sieben Etappen zurückgelegt. Weniger lang und anstrengend, aber landschaftlich sehr reizvoll sind die Radwanderwege im Trumer Seenland.

Für Mountainbiker ist von der Schnuppertour bis zu anspruchsvollen „Up- and Downhills" für Profis zwischen Krimml und Bad Aussee alles zu finden. Die *Bikepark Leogang* bietet Unterricht sowie Parcours in der Umgebung und Biker-Cross an: *Tel. 06583/82 19 | www.bikepark-leogang.com*.

■ REITEN

In vielen Orten gibt es Reitställe. Daneben werden in Bad Hofgastein, St. Georgen im Attergau und Straßwalchen auch Reiterferien angeboten *(www.reiterferien.at)*. Pferdetrekkings beginnen in Neukirchen am Großvenediger.

■ SKIFAHREN

Nicht von ungefähr sind einige der weltbesten Skirennläufer in den Wintersportorten des Salzburger Landes zu Hause. Die Skigebiete von Altenmarkt-Zauchensee, Flachau, St. Johann und Filzmoos, um die wichtigsten zu nennen, haben sich zusammengeschlossen und umfassen 860 km Pisten, darunter einige mit Weltcup-Qualität. Technisch anspruchsvolle Pisten für Carver und Snowboarder gibt es auch in Saalbach-Hinterglemm, Zell am See und Kaprun, die sich zur *Ski amadé (www.skiamade.com)* zusammengeschlossen haben.

Mit Powderhängen und raffinierten Obstacles wie Funbox, Projump und Gapjump lockt der *Funpark in Kleinarl (www.absolutpark.com)* die Snowboardfreaks an. Auch das *Nagelköpfel bei Piesendorf (www.piesendorf.at)* wurde zu einem Erlebnisberg mit tollem Funsportangebot (Skyglider, vierfache Tubingbahn, Paragliding) ausgebaut.

Auf dem Kitzsteinhorn bei Kaprun ist Skilaufen ganzjährig möglich. Das Skigebiet Stubachtal-Weißsee ist mit mittelschweren und leichten Pisten besonders für Familien geeignet. Langlaufen macht in Faistenau und im Lungau viel Spaß, weil die Loipen lang sind und nur mäßige Steigungen aufweisen und das Landschaftserlebnis den Sportspaß verdoppelt.

■ SURFEN, SEGELN & SCHWIMMEN

Auf den Seen des Salzkammerguts, des Alpenvorlandes und auf dem Zeller See herrscht selten Flaute. Einstiegsstellen für Surfer sind gekennzeichnet. In zahlreichen Orten an

SPORT & AKTIVITÄTEN

den Seen gibt es Segelschulen, Boote und Surfbretter werden verliehen. An den größeren Seen ist Schwimmen meist nur in Strandbädern möglich.

WANDERN, BERGSTEIGEN & KLETTERN

7200 km markierte Wanderwege, darunter der *Arno-Rundwanderweg,* der *Jakobsweg* durch das Saalachtal und seit neuestem der *St.-Rupert-Pilgerweg* zwischen Bischofshofen und St. Gilgen, durchziehen das Salzburger Land. In der Welt der Zwei- und Dreitausender gibt es wie im Großarltal Wege, Steige und Routen aller Schwierigkeitsgrade. Gute Ausrüstung und ein offenes Ohr für Ratschläge und Warnungen der erfahrenen Hüttenwirte vorausgesetzt, sind Wanderungen in den Hohen Tauern ein unvergessliches Erlebnis.

Insider Tipp

Klettergärten gibt es am Pass Lueg und am Plombergstein (auch für Kinder), eine Boulderanlage in Rif. Eisklettern kann man u.a. im Gasteiner Tal, in der Strubklamm und in der Sigmund-Thun-Klamm bei Kaprun.

Der *Heilbronner Rundwanderweg* ist ein einzigartiger Karstlehrpfad mit 18 Stationen. Ausgangspunkt ist der Krippenstein, zu erreichen mit der Dachsteinbahn Obertraun.

WILDWASSERSPORT

Insider Tipp

Rafting auf der Lammer, auf der Salzach, der Saalach, der Ennsund der Murgibt es sowohl für Familien als auch für abenteuerlustige Fortgeschrittene. Für den ultimativen Kick sorgen Canyoning und Hydrospeed, wenn man, geschützt durch Helm und Neoprenanzug, im Sprühregen eines Wasserfalls über eine glitschige Rinne in ein Wasserbecken saust oder sich mithilfe eines Schwimmkörpers einem reißenden Gewässer anvertraut und mit den Beinen steuert.

Adventure Service Outdoorsports | Zell am See | Steinergasse 5–7 | Tel. 06542/73 52 | www.sbg.at/adventure; Outdoor Team Geisler | Saalfelden |

Die etwas andere Bootstour: Rafting

Ramseiden 19 | Tel./Fax 06582/ 749 26 | www.outdoor-teamtraining. at; Motion Center | Lofer 330 | Tel. 06588/75 24 | Fax 75 24 26 | www. motion.co.at; Lungauer Kajakschule – Samsonsport | Tamsweg | Vordertullnberg 105 | Tel. 0676/612 75 90

> SPASS UND ACTION DEN GANZEN TAG

Das Angebot für Kinder wächst ständig – weil die Kleinen keine halben Portionen sind

> Mit ihren Bergen, Bächen, Seen, Wäldern und Wiesen sind das Salzburger Land und das Salzkammergut schon von Natur aus riesige Abenteuerspielplätze.
Dazu gibt es ein großes Angebot an Bauernhöfen: Dabei zu sein, wenn ein Kalb gefüttert wird, im Heu herumzutollen oder zu sehen, dass Kartoffeln nicht auf Bäumen wachsen – all das kann zu unvergesslichen Kindheitserlebnissen werden. In den meisten Orten und Regionen gibt es eine

Fülle kindgerechter Freizeitangebote. Kindermanager in Familien- und Kinderhotels *(www.kinderhotels.at)* gehören ebenso dazu wie geführte Tagesprogramme für Kinder. Kinder von bis zu 6 Jahren können zu fast allen Sehenswürdigkeiten gratis mitgenommen werden, Kinder bis zu 14 Jahren zahlen stark ermäßigte Eintrittspreise. Ähnliches gilt für Seilbahnen und Liftanlagen, und Skikindergärten gibt's fast überall.

> *www.marcopolo.de/salzburg*

MIT KINDERN UNTERWEGS

■ STADT SALZBURG ■

MARIONETTENTHEATER [U C3]

Vielleicht wird es der erste Theaterbesuch überhaupt, vielleicht verliebt man sich in den Papageno einer Zauberflöten-Aufführung, und daraus wird dann eine lebenslange Liebe zum Theater … wer weiß? Die kunstvoll gestalteten Figuren verzaubern immer wieder aufs Neue. *Eintritt Kinder 14 Euro, Erw. 18–35 Euro | Schwarzstr. 24 | www.marionetten.at*

SPIELZEUGMUSEUM [U B4]

In Österreichs größter Sammlung zur Geschichte des europäischen Spielzeugs der vergangenen 250 Jahre geht nicht nur Kindern das Herz auf. Jeden Dienstag und Mittwoch um 15 Uhr kommt der Museumskasperl. *Tgl. 9–17 Uhr | Eintritt Kinder und Jugendliche (6–15 J.) 1 Euro, Erw. 3 Euro, Familienkarte 6 Euro | Bürgerspitalgasse 2 | www.salzburgmuseum.at*

■ FLACHGAU ■

JOSEPH-MOHR-HAUS
IN HINTERSEE [117 F4]

In diesem Haus lebte Joseph Mohr, der Textdichter des Liedes „Stille Nacht, heilige Nacht", zehn Jahre lang als Priester. Heute werden hier über 45 reich ausgestattete Puppenstuben sowie Spielsachen, Puppen und Teddybären ausgestellt. *Mi–So 12–17 Uhr | Eintritt Kinder 1,40 Euro, Erw. 2,60 Euro*

Insider Tipp

TEUFELSGRABEN IN SEEHAM [117 E1]

Hier öffnet sich eine mystisch-mythologische Erlebniswelt mit Naturlehrpfad, Wasserfall und Feuchtbiotopen. Alte Mühlen und Backöfen sind ebenso zu besichtigen wie ein Armbrustschießstand. Der Wanderweg beginnt an der Toblmühlstraße (Ortsteil Matzing) und erstreckt sich über 1,5 km. *www.teufelsgraben.at*

Auf dem Bauernhof lernen schon die Kleinen, wo das Glück der Erde liegt

■ SALZKAMMERGUT ■

KINDERWELTMUSEUM
SCHLOSS WALCHEN [118 B1]

Insider Tipp

Eine Ausstellung zeigt das Leben der Kinder von der Biedermeierzeit bis heute. Lachkabinett, Irrgarten, Haustierpark und viele andere Attraktionen ergänzen das Programm. Die Anreise ist mit dem Kinderzug von Vöcklamarkt oder St. Georgen am Attersee möglich. *Mai–Sept. tgl. 10–17 Uhr | Eintritt Kinder 4,50 Euro, Erw. 5 Euro | www.kinderweltmuseum.at*

MÄRCHENWANDERWEG
UNTERACH AM ATTERSEE [118 B3]

Auf dem Wanderweg, der durch eine abwechslungsreiche Waldlandschaft führt, werden Märchen und ihre Figuren, wie Rotkäppchen, Schneewittchen und Frau Holle, vorgestellt. Der Märchenweg ist von Unterach in Richtung Eggelsee oder über den von Nussdorf kommenden Westwanderweg zu erreichen. *www.attersee.at*

■ TENNENGAU UND PONGAU ■

„ALPENFLOH"-TREKKING
IM GROSSARLTAL [123 D–E 3–4]

Für wanderbegeisterte Familien: eine Dreitagewanderung von Hütte zu Hütte mit Bus- und Taxitransfers. Die „Mini"-Variante (tgl. Gehzeit 2–3 Std.) eignet sich für Kinder ab 4 Jahren, die „Maxi"-Variante (tgl. 3–4 Std.) für Kinder ab 6 bzw. 8 Jahren. *Tourismusverband Großarltal | Großarl 1 | Tel. 06414/281 | Fax 81 93 | www.grossarltal.co.at*

ST. JOHANN [123 D2]

Hier, in der Nähe der Heimat von Skistar Hermann Maier, wartet ein Schnauferlzug auf die Kleinen. Au-

KINDERN UNTERWEGS

ßerdem gibt es eine Kletterwand, einen Streichelzoo und einen Funpark. Neu ist im Sommer der *Erlebnispark Geisterberg (Ende Mai–Mitte Juni und Okt. Mi und So 9–12 und 13–17 Uhr, Mitte Juni–Ende Sept. tgl. 9–12 und 13–17 Uhr | Eintritt frei |* *Jan.–April Di und Do 11–18 Uhr | Eintritt 8,20 Euro | Information/ Anmeldung Tel. 06472/74 26*

WANDERN IM RIEDINGTAL [124 B4]

Um mit Kindern die Natur zu entdecken, eignet sich eine Wanderung

Entdeckungsreise am Ufer des Wallersees bei Seekirchen

Alpendorf 2 | www.alpendorf.com) für die ganze Familie. Am Gernkogel wandern die Kleinen auf 1767 m Höhe entlang des geheimnisvollen Wichtelweges, für die Großen führt der gespenstische Teufelsweg durch den Wald. Ein Wander- und Naturerlebnis in herrlicher Panoramalage. *Tourismusverband St. Johann-Alpendorf | Tel. 06412/60 36 | www. sanktjohann.com*

🟨 LUNGAU

ERLEBNISBURG MAUTERNDORF [125 D4]

Zuerst besichtigen die Kinder mit einem kundigen Führer den in seiner Bausubstanz einmaligen Wehrturm, danach verkleiden sie sich und spielen das Leben im Turm nach. *Geeignet für 10- bis 16-Jährige, Dauer etwa 3 Std., Mai–Okt. tgl. 10–18 Uhr,*

im Naturpark Riedingtal ganz besonders. Auf dem neuen, weitgehend ebenen Weg (Gehzeit zweieinhalb Stunden) liegen typische Lungauer Almen und die beiden malerischen Gebirgsseen Schliererseeund Königalmsee. *www.naturpark-riedingtal.at*

🟨 PINZGAU

SPURENSUCHE IM NATIONALPARK HOHE TAUERN [120 B-C 3-4]

Unter sachkundiger Führung der Nationalparkranger lernen Kinder die Spuren heimischer Wildtiere zu lesen. *Mitte Juli–Mitte Sept. jeweils Di | Kinder mit Gästekarte der Ferienregion Nationalpark 5 Euro, ohne Gästekarte 10 Euro | Anmeldung: Nationalparkverwaltung Hohe Tauern | Gerlosstr. 18 | Tel. 06562/408 49 34 | www.nationalparkzentrum.at*

> VON ANREISE BIS ZOLL

Urlaub von Anfang bis Ende: die wichtigsten Adressen und Informationen für Ihre Reise ins Salzburger Land

▒ ANREISE ▒▒▒▒▒▒▒▒▒▒▒▒▒

FLUGZEUG

Fast tgl. Verbindungen nach Salzburg gibt es von Berlin-Tegel, Düsseldorf, Frankfurt/Main, Hamburg, Hannover, Köln und Nürnberg mit Austrian, Tuifly oder Air Berlin. Tickets ab 19,90 Euro (ohne Flughafengebühren). *Flughafen Salzburg W. A. Mozart: Tel. 0662/858 00 | www.salzburg-airport.com*

BAHN

In Salzburg kreuzt die Westbahn (Wien–Zürich) die Nord-Süd-Verbindung von München nach Italien bzw. Slowenien. Zwischen Innsbruck und Salzburg führt eine Strecke durch das Salzachtal, eine zweite, schnellere über Rosenheim. Tgl. fahren mehrere EC zwischen Wien und Bregenz mit Halt in Salzburg. Das Salzkammergut ist von Passau über Wels (ICE-Halt) zu erreichen. *Zentrale Zugauskunft: Tel. 05 17 17 (24 Std.) | www.oebb.at*

AUTO

Salzburg ist von München aus am besten über die A 8 zu erreichen. Die Westautobahn führt weiter nach Wien, die Tauernautobahn über den Lungau nach Kärnten. Für die Benutzung der österreichischen Autobahnen ist eine Vignette erforderlich (Jahresvignette 76,20 Euro, für zwei Monate 22,90 Euro, für 10 Tage 7,90

PRAKTISCHE HINWEISE

Euro, für Motorräder 30,40 bzw. 11,50 bzw. 4,50 Euro). Vignetten für zwei Monate oder 10 Tage müssen gelocht werden. Sie sind bei Tankstellen und in Automobilclubs an den Grenzen erhältlich. Für die Gerlos Alpenstraße, die Großglockner Hochalpenstraße sowie den Felbertauerntunnel besteht Mautpflicht.

AUSKUNFT

ÖSTERREICH WERBUNG
Deutschland: Tel. zum Ortstarif 0180/210 18 18 | Fax 10 18 19; Schweiz: Tel. 0842/10 18 18 | Fax 10 18 19; www.austria.info

SALZBURGER LAND TOURISMUS GMBH
Wiener Bundesstr. 23 | 5300 Hallwang | Tel. 0662/668 80 | Fax 66 88 66 | www.salzburgerland.com

TOURISMUS SALZBURG GMBH
Auerspergstr. 6 | 5020 Salzburg | Tel. 0662/88 98 70 | Fax 889 87 32 | www.salzburginfo.at

SALZKAMMERGUT TOURISMUS MARKETING GMBH
Salinenplatz 1 | 4820 Bad Ischl | Tel. 06132/269 09 | Fax 269 09 14 | www.salzkammergut.at

AUTO

Die Höchstgeschwindigkeit beträgt auf Autobahnen 130, auf Bundesstraßen 100, im Ortsgebiet 50 km/h. Promillegrenze: 0,5. Alle Pkw-Insassen müssen sich anschnallen. Es besteht Tragepflicht von Sicherheitswesten beim Aussteigen auf Autobahnen und Landstraßen. Das Telefonieren mit dem Mobiltelefon ohne Benutzung einer Fernsprecheinrichtung ist verboten (Geldstrafe: 50 Euro). Vom

WAS KOSTET WIE VIEL?

> **KAFFEE**	**3 EURO**	für einen Großen Braunen
> **BIER**	**3 EURO**	für ein Krügerl (0,5 l)
> **ALMJAUSE**	**8,50 EURO**	für eine Portion Käse und/oder Speck, Brot mit Butter
> **MOZARTKUGEL**	**0,90 EURO**	für eine originale
> **BENZIN**	**1,30 EURO**	für 1 l Normalbenzin
> **BUSFAHRT**	**2 EURO**	für eine Fahrt in Salzburg

1. November bis 15. April besteht Winterreifenpflicht (auch Schneeketten sind erlaubt; Geldstrafe bei Zuwiderhandlung 35 Euro, bei Gefährdung anderer Verkehrsteilnehmer bis zu 5000 Euro). *ÖAMTC: Pannenhilfe Tel. 120 | www.oeamtc.at; ARBÖ: Pannenhilfe Tel.123 | www.arboe.at*

DIPLOMATISCHE VERTRETUNGEN

DEUTSCHES HONORARKONSULAT
Aribonenstr. 27 | 5020 Salzburg | Tel. 0662/432 36 63 00 | Fax 432 36 63 02 | deutscher.honorarkonsul@schneiders.com

SCHWEIZER KONSULARAGENTUR
Alpenstr. 85 | 5020 Salzburg | Tel. 0662/62 25 30 | Fax 62 35 81 30

FERIEN AUF DEM BAUERNHOF & CAMPING

Bundesverband Urlaub auf dem Bauernhof | Gabelsberger Str. 19 | 5020 Salzburg | Tel. 0662/88 02 02 | Fax 880 20 23 | www.farmholidays.com

Österreichischer Camping-Club (ÖCC) | Schubertring 1–3 | 1010 Wien | Tel. 01/713 61 51 | Fax 711 99 27 54 | www.campingclub.at

GESUNDHEIT

Wird die Europäische Krankenversicherungskarte (auf der Rückseite der elektronischen Gesundheitskarte) von einem Arzt nicht akzeptiert, müssen Sie die Behandlung bar bezahlen und die Rechnung bei Ihrer Krankenkasse zur Erstattung einreichen.

INTERNET

Ausführliche touristische Informationen bieten die Adressen in der Rubrik „Auskunft" sowie die Website *www.salzburg.com* der „Salzburger Nachrichten". *www.mozartfestival.at* informiert über das Konzertangebot, *www.salzburgfestival.com* ist die offizielle Homepage der Salzburger Festspiele. *www.salzburg-night.at* hat informative Seiten über das Nachtleben in der Stadt Salzburg. Unter *www.austria4kids.at* finden Sie Infos rund um das Thema Familie mit Tipps für Freizeitaktivitäten sowie aktuelle Veranstaltungen. Infos zu Privatzimmern und Ferienwohnungen gibt es auf *www.bedandbreakfastaustria.at*. Für Wanderer: *www.wandern-in-oesterreich.at*, für Bergsteiger und Kletterer: *www.bergfex.at*, für Segler und Wassersportfans: *www.segelkurs.at*.

INTERNETCAFÉS & WLAN

Salzburg: *Cybar | Mozartplatz 5 | Tel. 0662/84 48 22 | www.cybar.at;* Obertauern: *Internetcafé im Hotel Solaria | Obertauern 86 | Tel. 06456/72 50 | www.hotel-solaria.at/winter/netzcafe.html;* St. Michael: *Jugend- und Familiengästehaus St. Michael im Lungau | Herbergsgasse 348 | Tel. 05/708 36 30 | www.jfgh.at/st-michael.php;* Zell am See: *Internetcafé Estl | Bahnhofstr. 22 | Tel. 06542/471 03 | www.zellamsee.at/estl*. In der Salzburger Innenstadt bieten viele Cafés WLAN an *(www.salzburg-altstadt.at)*. Ein kostenloser WLAN-Hotspot ist am Max-Reinhardt-Platz.

NOTRUF

Feuerwehr Tel. 122; Polizei Tel. 133; Rettungsdienst Tel. 144; Ärztenotdienst Tel. 141; Alpinnotruf (Bergrettung) Tel. 140

POST

Das Porto für Standardsendungen (bis 20 g) beträgt EU-weit 65 Cent.

SALZBURG-CARD & SALZBURGER-LAND-CARD

Die *Salzburg-Card* gewährt einmaligen Gratiseintritt in alle Museen und Schlösser sowie andere kulturelle

PRAKTISCHE HINWEISE

Einrichtungen und enthält Vergünstigungen und Ermäßigungen für Veranstaltungen sowie die kostenlose Benutzung der öffentlichen Verkehrsmittel; auch Packages (Salzburg-Card plus Übernachtungen). Erhältlich bei Infostellen und der Hotelrezeption. *Nov.–April 24-Std.-Karte 22 Euro, 48 Std. 30 Euro, 72 Std. 35 Euro, Mai–Okt. 24 Std. 25 Euro, 48 Std. 33 Euro, 72 Std. 38 Euro, Kinder zahlen die Hälfte* | *www.salzburginfo.at*

Die *Salzburger-Land-Card* (gültig Mai–26. Okt.) gewährt freien bzw. vergünstigten Eintritt zu über 180 Sehenswürdigkeiten und kulturellen Attraktionen und Ermäßigungen für Verkehrsmittel. Erhältlich in allen Tourismusbüros. *6-Tage-Karte 43 Euro, 12-Tage-Karte 52 Euro, Kinder 6–15 J. zahlen die Hälfte (unter 6 J. gratis)* | *www.salzburgerlandcard.com*

▓ TELEFON & HANDY ▓▓▓▓

Österreich hat ein dichtes Mobiltelefonnetz mit derzeit sieben Anbietern. Beim Roaming spart, wer das günstigste Netz wählt. Mit einer österreichischen Prepaid-Karte entfallen die Gebühren für eingehende Anrufe. Prepaid-Karten wie die von GlobalSim *(www.globalsim.net)* oder Globilo *(www.globilo.de)* sind teurer, ersparen aber auch Roaming-Gebühren. Und Sie bekommen schon zu Hause Ihre neue Nummer. Hohe Kosten verursacht die Mailbox: noch im Heimatland abschalten! Bei Anrufen aus dem Ausland entfällt die 0 der Ortsvorwahl. Vorwahl Deutschland 0049, Schweiz 0041, Österreich 0043.

▓ ZOLL ▓▓▓▓▓▓▓▓▓▓▓▓▓▓▓▓

Innerhalb der EU dürfen Sie Waren zum persönlichen Gebrauch frei ein- und ausführen, z. B. bis zu 800 Zigaretten, 200 Zigarren, 1 kg Tabak, 10 l Spirituosen, 20 l Likör, 90 l Wein (davon max. 60 l Schaumwein) und 110 l Bier. Grenzen für Reisende aus Nicht-EU-Ländern: 200 Zigaretten oder 50 Zigarren oder 250 g Tabak, 1 l Spirituosen, 16 l Bier, 4 l nicht schäumender Wein. *www.zoll.de*

WETTER IN SALZBURG

	Jan.	Feb.	März	April	Mai	Juni	Juli	Aug.	Sept.	Okt.	Nov.	Dez.
	2	4	10	14	19	22	24	23	20	14	8	3
Tagestemperaturen in °C												
	-6	-5	-1	4	8	11	13	13	10	4	0	-4
Nachttemperaturen in °C												
	2	3	5	6	7	7	7	7	6	5	2	2
Sonnenschein Std./Tag												
	12	11	10	13	14	15	15	14	12	10	10	11
Niederschlag Tage/Monat												

Blick auf die Schlossalm

> UNTERWEGS IN SALZBURGER LAND

Die Seiteneinteilung für den Reiseatlas finden Sie auf dem hinteren Umschlag dieses Reiseführers

REISE ATLAS

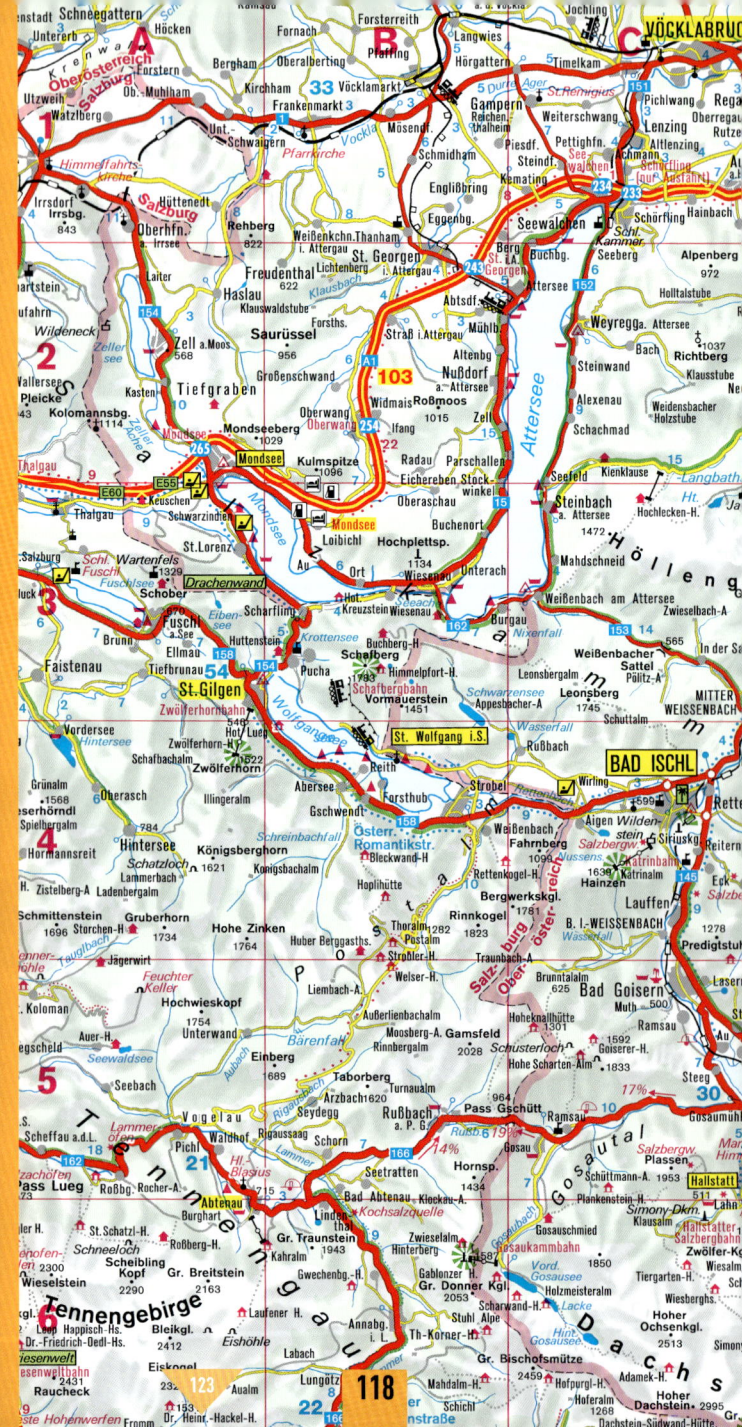

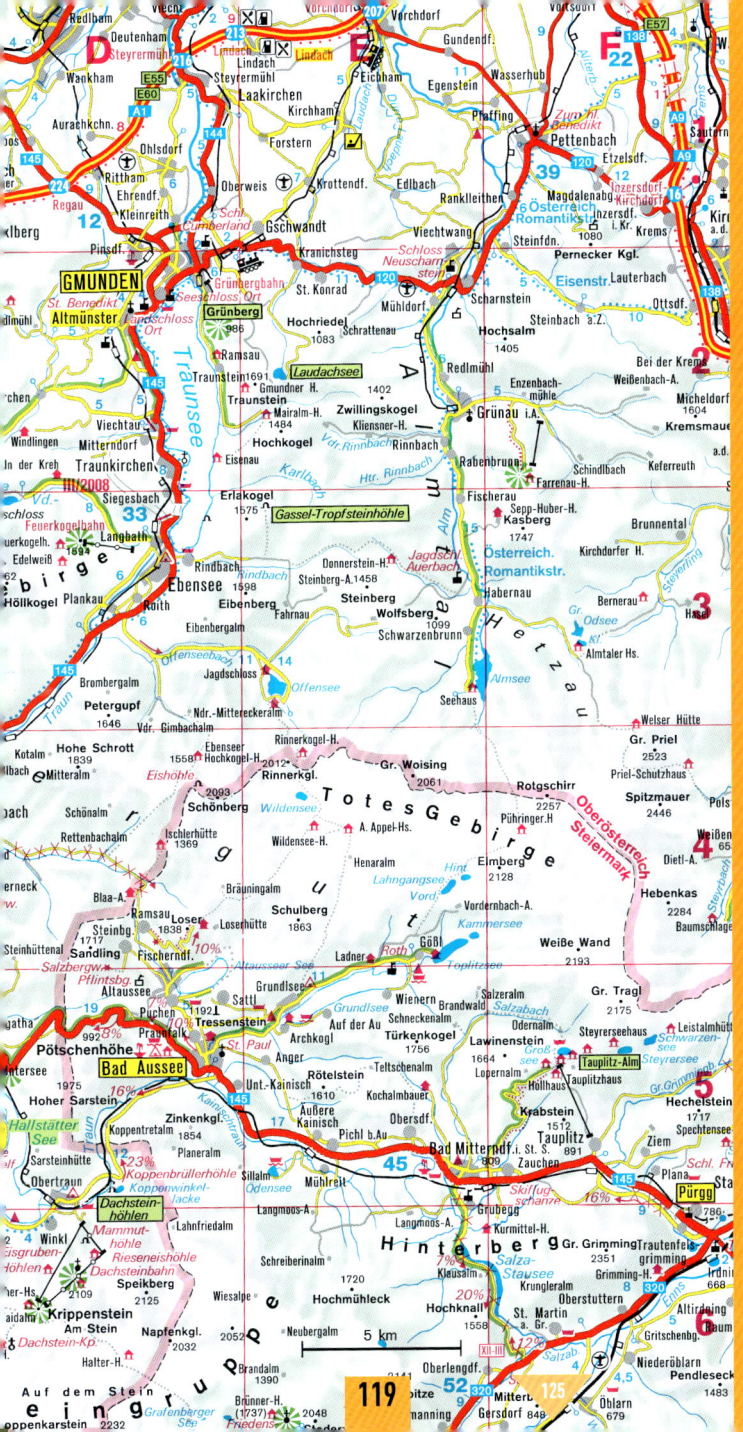

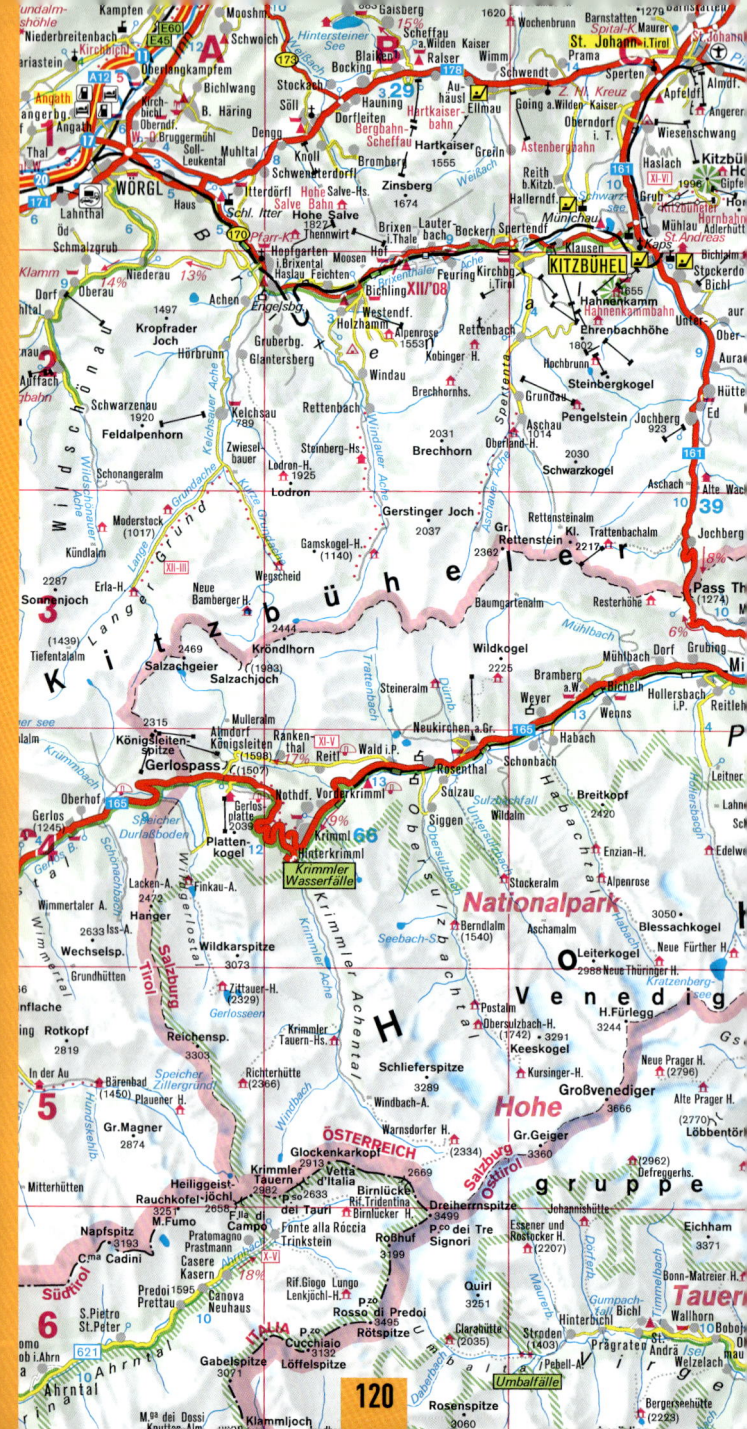

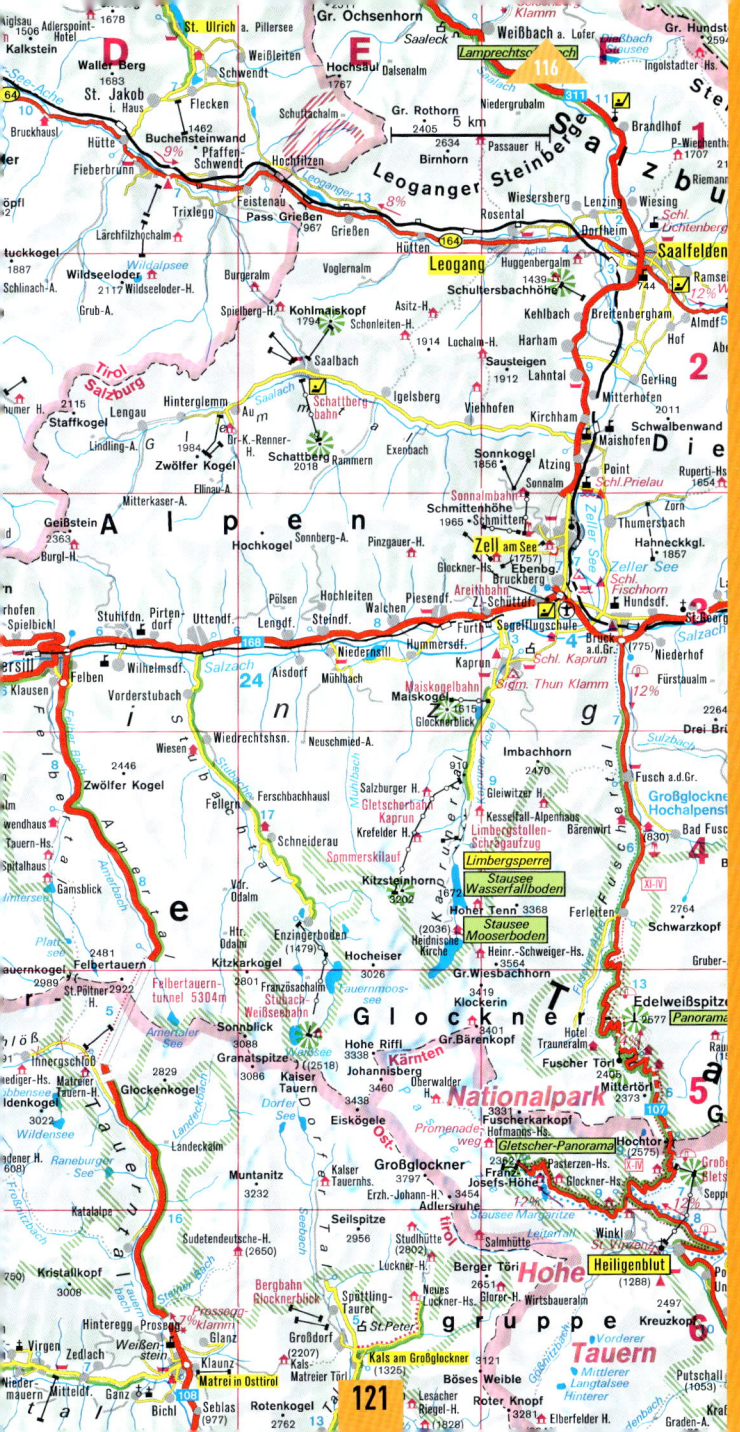

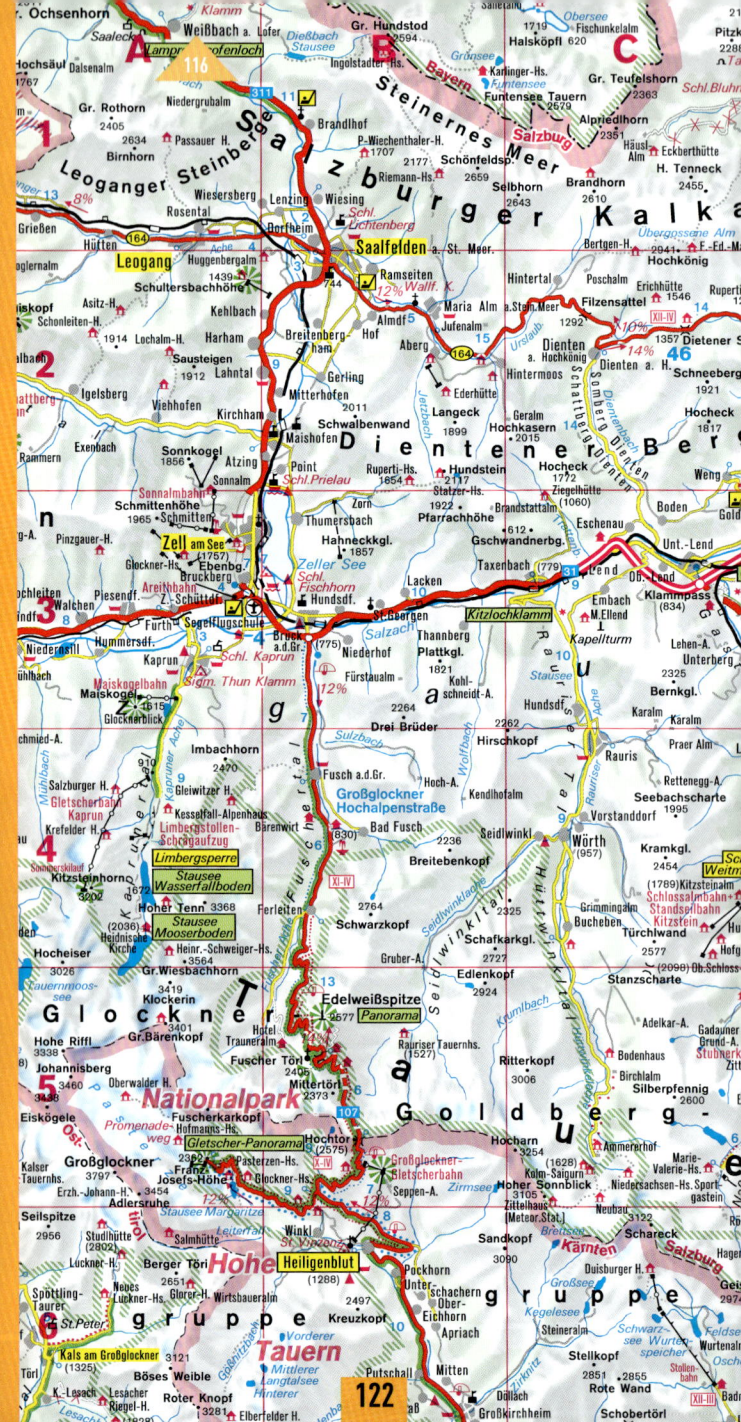

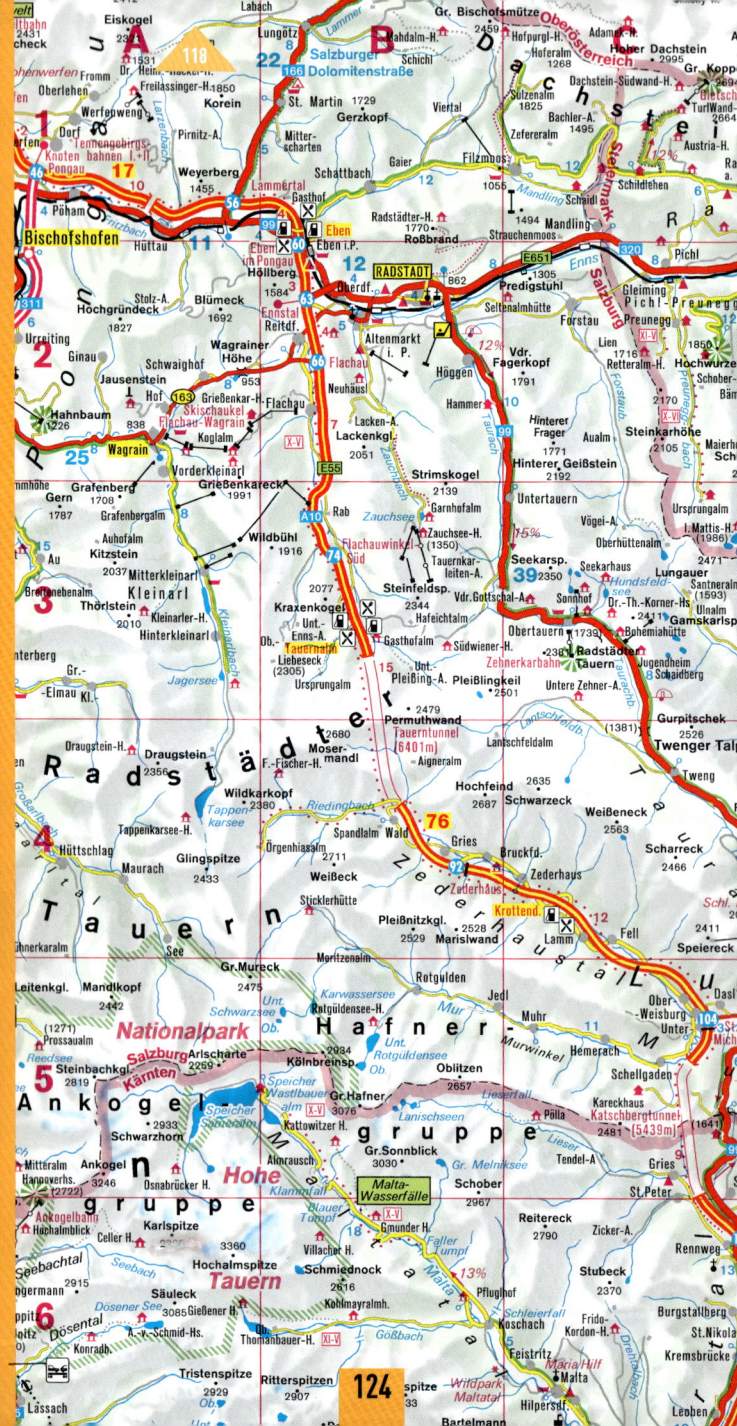

KARTENLEGENDE

Autobahn mit Anschlussstelle - Mautstelle	Horb **14**	Motorway with junction - Toll
Autobahn in Bau - geplant	Datum/Date	Motorway under construction - projected
Tankstelle - Rasthaus - mit Motel	La Macchia	Filling station - Restaurant - with motel
Vierspurige Straße - in Bau		Road with four lanes - under construction
National- oder Staatsstraße - in Bau		Trunk road - under construction
Wichtige Hauptstraße - in Bau		Important main road - under construction
Hauptstraße - Nebenstraße		Main road - Secondary road
Fahrweg - Fußweg		Practicable road - Foothpath
Passstraße mit Wintersperre - Steigung	X-IV · 10%	Mountain pass closed in winter - Gradient
Für Wohnwagen nicht empfehlenswert - gesperrt		Not suitable for caravans - closed
Gebührenpflichtige Straße - Für Kfz gesperrt		Toll road - Road closed for motor traffic
Hauptbahn mit Bahnhof - Nebenbahn		Main railway with station - Other railway
Eisenbahn (Güterverkehr) - Autoverladung		Railway (freight haulage) - Railway ferry for cars
Zahnradbahn - Seilbahn - Sessellift		Rack-railway - Cable lift - Chair lift
Autofähre - Schifffahrtslinie		Car ferry - Shipping route
Flughafen - Regionalflughafen - Flugplatz - Segelflugplatz		Airport - Regional airport - Airfield - Gliding field
Besonders sehenswerter Ort	LISBOA	Place of particular interest
Besondere Naturensehenswürdigkeit	Grotta d. Vento	Natural object of particular interest
Sonstige Sehenswürdigkeit	✱ Cittadella	Other objects of interest
Landschaftlich schöne Strecke		Scenic road
Touristenstraße	Route des Grandes Alpes	Tourist route
Nationalpark, Naturpark - Aussichtspunkt		National park, nature park - Viewpoint
Botanischer Garten, sehenswerter Park - Zoologischer Garten		Botanical gardens, interesting park - Zoological garden
Burg, Schloss für Besucher zugänglich - Ruine		Castle open to public - Ruin
Sonstige Burg, Schloss - Kirche - Kloster - Ruinen		Other castle - Church - Monastery - Ruins
Turm - Funk- oder Fernsehturm		Tower - Radio- or TV tower
Denkmal - Leuchtturm		Monument - Lighthouse
Golfplatz - Jachthafen		Golf-course - Marina
Hotel, Motel, Gasthaus - Berghütte - Feriendorf		hotel, motel, inn - Mountain hut - Tourist colony
Campingplatz - Jugendherberge		Camping - Youth hostel
Strandbad - Schwimmbad - Heilbad		Bathing place - Swimming pool - Spa
Staatsgrenze		State boundary
Grenzkontrollstelle international - mit Beschränkung		International check-point - Check-point with restrictions
Verwaltungsgrenze - Sperrgebiet		Administrative boundary - Restricted area
Ausflüge & Touren		Excursions & tours

FÜR IHRE NÄCHSTE REISE

gibt es folgende MARCO POLO Titel:

REGISTER

Das Register enthält alle im Reiseführer erwähnten Orte und Ausflugsziele. Halbfette Seitenzahlen verweisen auf den Haupteintrag.

SCHREIBEN SIE UNS

Liebe Leserin, lieber Leser,

wir setzen alles daran, Ihnen möglichst aktuelle Informationen mit auf die Reise zu geben. Dennoch schleichen sich manchmal Fehler ein – trotz gründlicher Recherche unserer Autoren/innen. Sie haben sicherlich Verständnis, dass der Verlag dafür keine Haftung übernehmen kann.

Wir freuen uns aber, wenn Sie uns schreiben.

Senden Sie Ihre Post an die MARCO POLO Redaktion, MAIRDUMONT, Postfach 3151, 73751 Ostfildern, info@marcopolo.de

IMPRESSUM
Titelbild: Musiker mit Tuba auf Fahrrad (Getty Images/Look: Engel & Gielen)
Fotos: ART: Fotofactory (100 u. r.); Carpe Diem Finest Fingerfood (101 M. l.); B. Dirisamer (130); Fun & Pro: Rupert Pichler (100 o. l.); Getty Images/Look: Engel & Gielen (1); Gössl GmbH: Günter Freund / wild+team fotoagentur gmbh (12 u.); gusswerk eventfabrik gmbh: Manuela Mayer (14 u.); Half Moon (101 u. r.); HB Verlag (U. r., 4 r.: 11, 32, 105); HB Verlag: Trummer (U. l., 6/7, 22/23, 23, 37, 40, 42/43, 47, 51, 54, 68, 72, 73, 78/79, 83, 84/85, 94, 108, 109); R. Hicker (2 r., 3 M., 8, 26, 27, 34, 60, 63, 96/97); Hotel Theresia (13 o.); itour city guide GmbH: Sebastian von Sauter (101 M. r.); Corinna Jarosch (12 o.); G. Jung (65); Look: Seer (70), Strauss (57); Mauritius: Geiersperger (49), Weinhäupl (98); MdM SALZBURG: Marc Haader (101 o. l.); H. P. Merten (44); Salzburg Foundation: Walter Smerling (15 u.); P. Santor (4 l.); Ski amadé (13 u.); T. Stankiewicz (3 l., 16/17, 24/25, 28, 28/29, 30/31, 39, 55, 58, 66/67, 86/87, 90, 93, 102/103, 106/107); © iStockphoto.com: Amos Grima (14 M.), Thomas Perkins (100 M. r.), Nikita Rogul (100 M. l.); W. Storto (U. M., 29, 114/115); TVB Saalbach Hinterglemm: Martin Steiger / Sportbild.at (14 o.); Dr. G. Wagner (2 l., 3 r., 5, 18, 22, 52/53, 80, 88); WIFF (15 o.); K. Wörndl (130); E. Wrba (75, 77)

4. (11.), aktualisierte Auflage 2011
© MAIRDUMONT GmbH & Co. KG, Ostfildern
Chefredaktion: Michaela Lienemann (Konzept, Chefin vom Dienst), Marion Zorn (Konzept, Textchefin)
Autor: Siegfried Hetz; Aktualisierung: Kathi Wörndl und Beatrix Dirisamer; Redaktion: Karin Liebe
Programmbetreuung: Silwen Randebrock; Bildredaktion: Gabriele Forst
Szene/24h: wunder media, München
Kartografie Reiseatlas: © MAIRDUMONT, Ostfildern
Innengestaltung: Zum goldenen Hirschen, Hamburg; Titel/S. 1–3: Factor Product, München

> UNSERE INSIDERINNEN

MARCO POLO Korrespondentinnen Kathi Wörndl und Beatrix Dirisamer im Interview

Kathi Wörndl (rechts) ist Redakteurin bei den Salzburger Nachrichten und TV-Moderatorin für eine Lifestyle- und Peoplesendung. Beatrix Dirisamer (links) arbeitet als Reporterin in Salzburg, spaziert gerne durch die Stadt oder trifft sich mit Freunden am Backhendlstand.

Sie leben beide in Salzburg. Wie ist es dazu gekommen?

K. W. Ich bin eine waschechte Salzburgerin: in Salzburg geboren, hier aufgewachsen und nach einem kurzen Stopp in Wien auch wieder liebend gerne zurückgekehrt.
B. D. Die Liebe hat mich nach Salzburg verschlagen.

Was reizt Sie am Salzburger Land?

K. W. Salzburg ist ein Erlebnis für alle Sinne. Ich lasse mich gerne von der heimischen Küche verwöhnen und genieße die Sonnentage an den Seen im Salzkammergut.
B. D. Mich reizen die Seen und die Berge.

Und was mögen Sie dort nicht so?

K. W. Die Stadt Salzburg ist sehr kompakt – jeder kennt jeden. Das hat Vor- und Nachteile.
B. D. Wenn das Wetter schlecht ist, kann die Seenregion schon sehr aufs Gemüt drücken.

Kommen Sie viel in Salzburg und Umgebung herum?

K. W. Alleine durch meinen Beruf komme ich viel herum. Ich bin aber ein Mensch, der gerne viel unterwegs ist, viele Leute und ihre Geschichten kennenlernt. Gerade im Salzburger Land gibt es so viel zu entdecken. Leider schaut man meist zuerst in die Ferne, bevor einen das Unmittelbare packt.
B. D. Ich komme viel durch den Beruf herum.

Was machen Sie in Ihrer Freizeit?

K. W. Das Umland hat viel zu bieten: Im Sommer trifft man mich am Mond- oder Fuschlsee beim Schwimmen oder Picknicken im Tretboot, im Winter in einem der vielen Skigebiete beim Skifahren. Mein persönlicher Tipp: die Hütten in St. Johann Alpendorf – dort vergisst man nur leider schnell die Zeit.
B. D. Ich erkunde gerne neue Wege in Salzburg, gehe mit Freunden gut essen oder am Samstagvormittag über den Grünmarkt flanieren.

Mögen Sie die regionale Küche? Ihr Lieblingsessen?

K. W. Salzburg ist gesegnet durch gute heimische Produkte und – nicht zu vergessen – Küchenkünstler. Ich bin eine Süße und liebe Kaiserschmarrn (auch wenn der nicht hundertprozentig salzburgerisch ist) oder Heidelbeerdatschi.
B. D. So genau kann man das nicht definieren, da sehr viele Gerichte echt genial sind.

10 € GUTSCHEIN
für Ihr persönliches Fotobuch*!

Gilt aus rechtlichen Gründen nur bei Kauf des Reiseführers in Deutschland und der Schweiz

SO GEHT'S: Einfach auf www.marcopolo.de/fotoservice/gutschein gehen, Wunsch-Fotobuch mit den eigenen Bildern gestalten, Bestellung abschicken und dabei Ihren Gutschein mit persönlichem Code einlösen.

Ihr persönlicher Gutschein-Code: mppdcb5eqk

MARCO POLO

MEINE REISE
Die schönsten Erinnerungen

Erlebe Deine Bilder!

Zum Beispiel das MARCO POLO FUN A5 Fotobuch für 7,49 €.

* Dies ist ein spezielles Angebot der fotokasten GmbH. Der Gutschein ist einmal pro Haushalt/Person einlösbar. Dieser Gutschein gilt nicht in Verbindung mit weiteren Gutscheinaktionen. Eine Barauszahlung ist nicht möglich. Gültig bis 31.12.2015. Der Gutschein kann auf www.marcopolo.de/fotoservice/gutschein auf alle Angebote und Versandkosten (Deutschland 4,95 €, Schweiz 9,95 €) der fotokasten GmbH angerechnet werden.

powered by fotokasten

www.marcopolo.de/fotoservice/gutschein

> BLOSS NICHT!

Ohne gültige Vignette auf die Autobahn

Die Benutzung der österreichischen Autobahnen ist kostenpflichtig, und die Nichteinhaltung der Vignettenpflicht hat empfindliche Bußgelder zur Folge. Besorgen Sie sich rechtzeitig eine Vignette – oder Pickerl, wie sie umgangssprachlich heißt –, die für die gesamte Zeit Ihres Aufenthalts gültig ist. Vignetten gibt es mit Gültigkeit für ein Jahr, für zwei Monate und für zehn Tage. Lassen Sie die Vignette für den Tag entwerten, an dem Sie zum ersten Mal die Autobahn benutzen. Die Vignette muss unbedingt am Rand der Windschutzscheibe oder im Bereich des Rückspiegels angebracht sein.

Sturmwarnungen missachten

Wetterumschwünge finden oft binnen weniger Minuten statt, und Gewittern können sehr heftige Stürme vorausgehen. Vor allem an Seen in den Bergen führen Fallwinde zu unerwarteten thermischen Veränderungen. Informieren Sie sich über die Verhältnisse vor Ort, und befolgen Sie unverzüglich aktuelle Warnungen.

Unbedarft ins Hochgebirge steigen

Mangelhafte Ausrüstung – insbesondere ungeeignetes Schuhwerk –, die Überschätzung der eigenen Kräfte und des Wissens um mögliche drohende Gefahren sowie die Geringschätzung von Hinweisen und Warnungen erfahrener Einheimischer sind hauptsächlich die Gründe für Unfälle und aufwendige Bergungsaktionen. Beim Skilaufen und Tourengehen im Frühjahr müssen Sie die Lawinenwarnungen unbedingt beachten. Um ein Schneebrett auszulösen, das zu einer mächtigen Lawine wird, genügt oft schon ein einziger falscher Tritt. Der Rückgang der Gletscher in den Alpen führt neben einer vermehrten Bildung von tückischen Gletscherspalten auch zu deren Verbreiterung. Weichen Sie nicht von ausgeschilderten Routen ab, und befolgen Sie in jedem Fall die Ratschläge erfahrener Bergführer und Hüttenwirte.

Weidetiere für zutraulich halten

Wenn Sie auf Ihren Wanderungen an Almweiden vorbeikommen, halten Sie Distanz zu den Tieren, insbesondere zu Stieren und Widdern. Dasselbe gilt auch für einen Urlaub auf dem Bauernhof: Der vertrauliche Umgang empfiehlt sich nur im Beisein eines Menschen, den die Tiere kennen.

Naturschutz missachten

Weite Teile Österreichs stehen unter Landschafts- bzw. Naturschutz. Vor allem in den Gebieten der Nationalparks wird die Einhaltung der jeweiligen Bestimmungen genau überprüft. Erkundigen Sie sich, welche Pflanzen gepflückt und wie viele Pilze gesammelt werden dürfen.